Trousse de survie

TITRES DÉJÀ PARUS DANS LA COLLECTION AZRIELI DES MÉMOIRES DE SURVIVANTS DE L'HOLOCAUSTE

TITRES FRANÇAIS

L'Album de ma vie par Ann Szedlecki
L'Antichambre de l'enfer par Felix Opatowski
Cachée par Marguerite Élias Quddus
Citoyen de nulle part par Max Bornstein
Étoile jaune, étoile rouge par Alex Levin
La Fin du printemps par John Freund
Fragments de ma vie par Henia Reinhartz
Frapper à toutes les portes par Anka Voticky
De génération en génération par Agnes Tomasov
Matricule E/96 par Paul-Henri Rips
Objectif : survivre par Tommy Dick
Retenue par un fil par Judy Abrams/ *Une question de chance* par Eva Felsenburg Marx
Seule au monde par Betty Rich
Souvenirs de l'abîme par William Tannenzapf/ *Le Bonheur de l'innocence* par Renate Krakauer
Un terrible revers de fortune par Fred Mann
Traqué par Marian Domanski
Le Violon par Rachel Shtibel/ *Témoignage d'un enfant* par Adam Shtibel

TITRES ANGLAIS

Album of My Life by Ann Szedlecki
Bits and Pieces by Henia Reinhartz
A Drastic Turn of Destiny by Fred Mann
E/96: Fate Undecided by Paul-Henri Rips
Fleeing from the Hunter by Marian Domanski
From Generation to Generation by Agnes Tomasov
Gatehouse to Hell by Felix Opatowski
Getting Out Alive by Tommy Dick
If, By Miracle by Michael Kutz
If Home Is Not Here by Max Bornstein
If Only It Were Fiction by Elsa Thon
In Hiding by Marguerite Élias Quddus
Knocking on Every Door by Anka Voticky
Little Girl Lost by Betty Rich
Memories from the Abyss by William Tannenzapf/ *But I Had a Happy Childhood* by Renate Krakauer
The Shadows Behind Me by Willie Sterner
Spring's End by John Freund
Suddenly the Shadow Fell by Leslie Meisels with Eva Meisels
Survival Kit by Zuzana Sermer
Tenuous Threads by Judy Abrams/ *One of the Lucky Ones* by Eva Felsenburg Marx
Under the Yellow and Red Stars by Alex Levin
Vanished Boyhood by George Stern
The Violin by Rachel Shtibel/ *A Child's Testimony* by Adam Shtibel
W Hour by Arthur Ney
We Sang in Hushed Voices by Helena Jockel

Trousse de survie

Zuzana Sermer

TRADUIT DE L'ANGLAIS (CANADA)
PAR LISE VIENS

PREMIÈRE ÉDITION

LA FONDATION AZRIELI : www.azrielifoundation.org

Couverture et conception graphique de Mark Goldstein
Cartes de 2e et 3e de couverture de Sir Martin Gilbert
Carte à l'intérieur du volume de François Blanc

CATALOGAGE AVANT PUBLICATION DE BIBLIOTHÈQUE ET ARCHIVES CANADA

Sermer, Zuzana
[Survival kit. Français]
Trousse de survie / Zuzana Sermer; traduit de l'anglais (Canada) par Lise Viens.

(La collection Azrieli des mémoires de survivants de l'Holocauste. Sixième série)
Traduction de: Survival kit.
Comprend des références bibliographiques et un index.
ISBN 978-1-897470-53-4 (couverture souple)

1. Sermer, Zuzana. 2. Holocauste, 1939–1945 – Slovaquie – Récits personnels. 3. Survivants de l'Holocauste – Canada – Biographies. I. Fondation Azrieli, organisme de publication II. Titre. III. Titre: Survival kit. Français. IV. Collection: Collection Azrieli des mémoires de survivants de l'Holocauste. Sixième série

D804.196.S4614 2014 940.53'18092 C2014-905752-0

MIXTE
Papier issu de sources responsables
FSC® C004191

IMPRIMÉ AU CANADA

La Collection Azrieli des mémoires de survivants de l'Holocauste

Sommaire

La collection : Tel qu'ils l'ont écrit…

En racontant leur histoire, les auteurs ont pu se libérer. Pendant de longues années, nous n'en avons pas parlé, même une fois devenus citoyens de sociétés libres. Aujourd'hui, alors qu'enfin nous écrivons sur les expériences qui furent les nôtres durant cette période sombre de l'Histoire, conscients que nos récits seront lus et qu'ils nous survivront, il nous est possible de nous sentir complètement libérés. Ces documents historiques uniques aident à donner un visage aux disparus et permettent au lecteur de mesurer, récit après récit, l'énormité de ce qui est arrivé à six millions de Juifs.

David J. Azrieli, C.M., C.Q., M.Arch
Survivant de l'Holocauste et fondateur de la Fondation Azrieli

Depuis la fin de la Deuxième Guerre mondiale, plus de 30 000 Juifs rescapés de l'Holocauste sont venus s'installer au Canada. Leurs origines, les expériences qu'ils ont vécues, les nouvelles vies qu'ils ont bâties et les familles qu'ils ont fondées font partie intégrante du patrimoine canadien. Le Programme des mémoires de survivants de l'Holocauste a été créé pour rassembler, archiver et publier les témoignages historiques écrits par les déportés juifs établis au Canada. Le programme est animé par la conviction que chaque survivant porte une histoire remarquable à transmettre et que ces récits peuvent contribuer dans une vaste mesure à l'enseignement de la tolérance et du respect de l'autre.

Des millions d'histoires individuelles sont perdues à jamais. En publiant les récits des survivants au sein de la Collection Azrieli des mémoires de survivants de l'Holocauste, le programme s'engage à préserver de l'oubli ceux qui ont péri sous les assauts d'une haine encouragée par l'indifférence et l'apathie générale. Les témoignages personnels de ceux qui ont survécu dans les circonstances les plus improbables sont aussi différents que ceux qui les ont écrits, mais tous démontrent la somme de courage, d'endurance, d'intuition et de chance qu'il a fallu pour faire face et survivre à cette terrible adversité. Ces mémoires rendent aussi hommage aux personnes, amies ou inconnues, qui ont tendu la main au péril de leur vie et qui, par leur bienveillance et leur dignité dans les moments les plus sombres, ont souvent permis aux personnes persécutées de conserver leur foi en la nature humaine et leur courage de lutter. Les témoignages des déportés et leur volonté de transmettre ce qui s'est passé aux jeunes générations suscitent l'admiration et servent de leçon.

Le Programme des mémoires de survivants de l'Holocauste rassemble ces témoignages importants et les rend accessibles gratuitement sous format imprimé aux bibliothèques canadiennes, aux organisations œuvrant pour la mémoire de l'Holocauste et aux participants des conférences organisées par la Fondation Azrieli.

La Fondation Azrieli tient à marquer sa reconnaissance aux personnes suivantes, pour leurs contributions précieuses à la réalisation de cette collection: Sherry Dodson (Maracle Press), Sir Martin Gilbert, Stan Greenspan, Mia Spiro, Keaton Taylor, Sylvia Vance, Florence Buathier, Lise Viens, Arnaud Regnauld de la Soudière, ainsi que Margie Wolfe et Emma Rodgers de Second Story Press.

À propos du glossaire

Dans les présents mémoires se trouvent un certain nombre de termes, de concepts et de références historiques qui peuvent ne pas être connus du lecteur. Pour plus d'informations sur les principales institutions, les événements et les personnages historiques importants, les références géographiques, les termes religieux et culturels, les termes et les expressions empruntés à des langues étrangères qui permettront d'éclairer et de contextualiser les événements décrits dans le texte, veuillez vous reporter au glossaire qui commence à la page 129.

Introduction

Zuzana Sermer (née Weinberger) ouvre ses mémoires de survivante de la Deuxième Guerre mondiale par une question insoluble : « Comment expliquer l'inexplicable ? » Cette interrogation fait écho à celles qui hantent probablement chaque rescapé de l'Holocauste : « Pourquoi ai-je survécu, alors que tant d'autres ont péri ? Était-ce grâce au destin, au hasard, à ma présence d'esprit, à la chance ? » La *Trousse de survie* que nous offre Zuzana Sermer constitue une tentative de réponse, formulée longtemps après les faits. Au terme de sa réflexion, elle en arrive à la conclusion que sa propre survie est le fruit « de hasards, de coïncidences, d'occurrences qui, en fin de compte, tiennent surtout du miracle ».

Les présents mémoires conjuguent le récit de l'invasion allemande en Tchécoslovaquie et en Hongrie avec une méditation sur les aléas du sort et sur le courage naïf qui ont permis à Zuzana Sermer de déjouer à maintes reprises une fatalité apparemment inexorable. L'auteure souligne le rôle de son mari, Arthur, dont la force et l'audace ont permis au couple d'échapper plusieurs fois à des situations désespérées. Unis par un amour indéfectible, ils ont pu passer de la Tchécoslovaquie à la Slovaquie sous occupation allemande, puis à la Hongrie, pour revenir enfin en Tchécoslovaquie devenue communiste et émigrer par la suite au Canada. Demeurer en vie, mener une existence agréable et mettre au monde une nouvelle génération ont constitué la seule vraie réponse à la disparition cruelle de tant de membres de leurs familles. Zuzana et Arthur ont eu quatre enfants et huit petits-enfants. En 1968, ils se sont établis à Toronto, où Zuzana, qui a perdu son mari en 2003, habite encore aujourd'hui.

L'auteure a commencé à écrire au lendemain de la guerre, alors qu'elle élevait ses enfants en Tchécoslovaquie. Observatrice attentive de la vie politique et familiale, elle a rédigé nombre d'articles parus dans des magazines et des quotidiens. Or, si ses chroniques de l'époque offraient souvent une morale, on ne trouve rien de tel dans le récit qu'elle nous propose ici : on y trouve plutôt la quête encore non aboutie d'une morale. L'histoire de Zuzana Sermer est constituée d'une série de coups de chance – alors que les récits traitant de l'Holocauste en contiennent généralement si peu – et de ce qu'elle appelle ses « miracles », décrits de la façon suivante : « L'amour de mes parents, ma naïveté apparente, le courage et la détermination de mon fiancé ». L'auteure est l'héroïne courageuse d'une histoire qui finit bien. À la question de savoir si l'on a besoin d'un autre ouvrage sur l'Holocauste, elle répond : « J'en suis venue à la conclusion que c'est à nous de raconter nos expériences et que nous nous devons de le faire. Il appartient aux autres de décider s'ils liront nos récits ou non – j'espère qu'ils les liront. »

Dans ses mémoires, Zuzana Sermer nous fait connaître Humenné, une ville tchécoslovaque située au pied des Carpates, où elle a vu le jour le 29 août 1924. La Tchécoslovaquie est née à l'issue de la Première Guerre mondiale, au moment où le traité de Trianon, signé en 1920, est venu disloquer l'Empire austro-hongrois. Par ce traité, la Hongrie s'est vue dépouillée des deux tiers de son territoire et de sa population, malgré le grand nombre de Hongrois de souche et de locuteurs du hongrois qu'abritaient les régions cédées, parties des États actuels de Roumanie, de Slovaquie, de Serbie, d'Ukraine, de Croatie, d'Autriche et de Slovénie. Un quart de la population slovaque, qui se considérait de langue et de culture hongroises, s'est soudain retrouvé en minorité dans un pays étranger. Mais l'assimilation s'est faite rapidement. Si sa famille parlait hongrois à la maison, Zuzana Sermer a néanmoins grandi dans l'amour de son pays, la Tchécoslovaquie, cette « perle de la démocratie » dirigée par Tomáš Masaryk, le « père » de la patrie. La population slovaque s'élevait alors à 4 millions de personnes, dont environ 135 000 Juifs, et la situation idyllique que décrit l'auteure n'était pas rare à l'époque : des quartiers mixtes où cohabitaient et fraternisaient Juifs et chrétiens, une bonne éducation en slovaque, en tchèque et en hongrois, un pays tolérant, un père humble et pieux et une famille aimante. Zuzana fréquentait l'école laïque et, le dimanche, elle recevait un enseignement juif à l'école pour filles Beth Jacob que chapeautait l'*Agoudat*, une organisation ultra-orthodoxe soutenant que rien en ce monde ne doit s'interposer entre les Juifs et l'étude de la Torah. À Humenné, nombre de Juifs étaient par ailleurs attirés par le mouvement sioniste religieux *Mizrahi,* qui prônait que la Torah et « les efforts d'implantation en terre d'Israël allaient de pair ». Bien qu'elle ait été membre du *Bené Akiva,* le mouvement de jeunesse du *Mizrahi*, Zuzana écrit toutefois que ce sont les valeurs de ses parents qui l'ont influencée le plus.

L'occupation allemande en Tchécoslovaquie (1938–1945), résultat des accords de Munich (29 et 30 septembre 1938), est venue changer tout cela. Sans consulter la Tchécoslovaquie, les principales puissances européennes ont tenté d'apaiser l'Allemagne en laissant les nazis annexer les zones frontalières du nord et de l'ouest du pays, soit la Bohême, la Moravie et la Silésie, régions appelées collectivement les Sudètes. Il s'agissait prétendument de soulager les souffrances des Allemands de souche vivant dans ces territoires accordés à la Tchécoslovaquie 21 ans auparavant. Le 16 mars 1939, la Wehrmacht a toutefois envahi le reste de la Tchécoslovaquie et, du château de Prague, Hitler a proclamé la création du Protectorat de Bohême-Moravie, d'une part, et de l'État indépendant de Slovaquie, d'autre part. Pour la Slovaquie, cette accession à l'autonomie n'était que symbolique, car l'État demeurait soumis au IIIe Reich, son allié. Hitler a ensuite donné le feu vert à la Hongrie, bénéficiaire des Accords de Munich, pour qu'elle récupère ses territoires perdus : l'armée hongroise a donc envahi la Slovaquie, occupant rapidement la Ruthénie subcarpatique jusqu'à la frontière polonaise, dans le but de réaliser son rêve de rétablir la Grande Hongrie.

Les tourments de Zuzana Sermer ont commencé en 1935 lorsque sa mère est tombée malade. Malgré ces difficultés familiales, Zuzana était parfaitement au courant de ce qui se tramait déjà ailleurs en Europe. La chute de la République espagnole, tombée aux mains des fascistes de Franco en mars 1939, a marqué un moment décisif qui a coïncidé avec l'invasion de la Tchécoslovaquie. Hitler a installé un gouvernement fantoche, le Parti populaire slovaque de Hlinka, une formation politique nationaliste, catholique, antisémite et fasciste créée du temps de l'Empire austro-hongrois et reconstituée en 1925. Ayant rapidement établi un régime autoritaire, ce gouvernement a entrepris de harceler les partis politiques de gauche et les partis juifs, manipulant le processus électoral de façon à obtenir plus de 97 % des voix aux élections générales slovaques de décembre 1938. La loyauté des Juifs slovaques à l'égard du nouvel État indépendant était mise en doute, en raison surtout du fait que nombre d'entre eux s'identifiaient à la Hongrie et à la culture hongroise.

Le Parti de Hlinka, dirigé par Mgr Jozef Tiso, a adopté ses premières mesures antijuives le 18 avril 1939. Tous les Juifs ont été révoqués de la fonction publique, puis, à l'automne, radiés de l'armée, et les enfants juifs bannis des établissements scolaires. Mais Zuzana, alors âgée de 15 ans, avait déjà quitté l'école : elle devait s'occuper de sa mère souffrante et sa famille n'avait pas les moyens de payer les frais de scolarité.

En août 1940, Eichmann a envoyé à Bratislava son représentant, le *SS-Hauptsturmführer* Dieter Wisliceny, à titre de conseiller aux Affaires juives. La Garde de Hlinka (l'aile paramilitaire du parti éponyme, créée en octobre 1938) et la *Freiwillige Schutzstaffel* (un détachement de la SS composé de volontaires slovaques) ont aidé Hitler à mettre ses plans à exécution et, armés jusqu'aux dents, les deux groupes ont servi à faire respecter les restrictions contre les Juifs.

Puis, les mesures antijuives se sont intensifiées. À l'automne 1940, on a interdit aux Juifs de fréquenter le marché et de posséder une propriété, des biens de valeur et même un poste de radio. Zuzana et ses amis se sont tournés vers le *Hashomer Hatzaïr* (la jeune Garde), un mouvement de jeunesse sioniste et socialiste qui promouvait l'immigration en Palestine sous mandat britannique. Certains de ses membres ont réussi à fuir juste à temps – en 1940, plus de 6 000 Juifs avaient émigré, légalement ou illégalement. Peu après l'invasion allemande de l'Union soviétique, le 22 juin 1941, la Slovaquie est entrée en guerre en tant qu'alliée de l'Allemagne. Puis en septembre 1941, le gouvernement slovaque a adopté le « Code juif », des mesures antijuives inspirées des Lois de Nuremberg, qui redéfinissaient les Juifs comme une race plutôt que comme un groupe religieux ou national et qui les obligeaient à porter un brassard jaune et une étoile de David sur leurs vêtements. Comme le note l'auteure, les différences socio-économiques qui servaient naguère à définir la hiérarchie dans la communauté juive ont commencé à s'estomper devant une menace qui regroupait désormais tous les Juifs en une seule et même catégorie.

Premier pays de l'Axe à adopter la « Solution finale », la Slovaquie a entrepris avec zèle de planifier la déportation des quelque 89 000 Juifs qui se trouvaient encore sur son territoire. Humenné et ses environs ont figuré parmi les premiers endroits où l'on a organisé des déportations. Le premier départ, celui des femmes célibataires envoyées aux travaux forcés, devait avoir lieu le 25 mars 1942. Mais Zuzana était décidée à tout faire pour y échapper. Évoquant sa situation familiale – enfant unique, elle se devait de rester auprès de sa mère malade – elle a supplié les policiers slovaques de la libérer. Comme leur quota de prisonnières avait été atteint, ils lui ont permis de retourner chez elle. Ce transport a été envoyé directement à Auschwitz, et les femmes de Humenné, dont une amie de Zuzana (Eva), ont été parmi les premières détenues juives du camp. C'est ainsi que Zuzana Sermer a réussi à échapper miraculeusement pour la première fois à la mort. De mars à octobre 1942, 57 convois transportant près de 59 000 déportés juifs ont quitté la Slovaquie ; 38 d'entre eux (40 000 personnes) ont pris la direction du district de Lublin, en Pologne, alors que les 19 autres (18 600 personnes) sont allés à Auschwitz.

Après ce premier transport, Zuzana a commencé à se cacher, tantôt dans un grenier, tantôt dans une cave ou un vide sanitaire, protégée par des voisins catholiques qui ont accepté de l'héberger en dépit des grands dangers qu'ils couraient eux-mêmes en agissant ainsi. Ne sont restés en Slovaquie qu'environ 19 000 Juifs, la plupart détenteurs de certificats d'exemption accordés parce qu'ils étaient considérés comme essentiels à la bonne marche de l'économie du pays. Étant pauvre, la famille de Zuzana n'avait rien qui puisse leur permettre de négocier. Son père s'est donc procuré un certificat de conversion à la religion grecque orthodoxe auprès d'un prêtre qui éprouvait plus de haine envers les Hlinka catholiques qu'envers ce qu'il restait de la population juive. En fait, le document n'a pas réussi à sauver son père, mais Zuzana a pu en invoquer l'existence pour le défendre alors qu'il avait été arrêté dans une synagogue avec d'autres hommes déterminés à former un *minyan* (le quorum nécessaire à la récitation de certaines prières), et qu'il avait son certificat de conversion en sa possession.

L'histoire de Zuzana Sermer met en évidence le fait que, face à la persécution, choisir une attitude plutôt qu'une autre – se soumettre ou au contraire résister aux ordres donnés – ne garantissait aucunement la survie. L'auteure n'hésite pas à décrire à quel point certaines décisions prises par sa famille pour assurer sa survie ont été pénibles. Elle raconte notamment comment son père a refusé de venir en aide à sa propre sœur et à ses neveux pour protéger sa femme et sa fille. Il n'y avait tout simplement pas de place pour cacher qui que ce soit dans l'unique pièce qui leur servait de logement. Cette décision hante toujours Zuzana, tout comme les cauchemars dans lesquels apparaît son cousin, le petit Erwin, qui n'a pas survécu.

Après le décès de sa mère, en juillet 1943, et le départ pour les travaux forcés de son père (qui rejoignait ainsi les 3 500 Juifs détenus dans les camps de Nováky, Vyhne, Sered' et Ilava, ce dernier réservé aux détenteurs de certificats de conversion), Zuzana a décidé de fuir en Hongrie. Elle venait de rencontrer Arthur Sermer (son futur mari), le frère de celui-ci, Victor, et leur cousine Léa, qui s'étaient tous trois cachés dans la forêt pour échapper à la déportation. Les jeunes gens ont fait partie des 10 000 Juifs qui ont pris le chemin de la Hongrie dans l'espoir d'y trouver un lieu d'asile, en dépit du fait que Tiso venait d'ordonner l'arrêt des déportations de Slovaquie. Le président slovaque avait pris cette décision en réaction à des rapports, notamment de la part du nonce du pape à Bratislava, selon lesquels les nazis assassinaient les Juifs déportés dans la Pologne sous occupation allemande. Après une période d'hésitation, Tiso avait alors refusé de continuer à déporter les 24 000 Juifs qui se trouvaient toujours en Slovaquie à l'automne 1942. Mais les Juifs slovaques comme Zuzana craignaient que ce répit ne soit que temporaire.

En janvier 1944, Zuzana, alors âgée de 19 ans, Arthur, Victor et Léa ont utilisé les services d'un passeur et de sa charrette à cheval pour entrer clandestinement en Hongrie, un pays relativement sûr. À l'instar de la Slovaquie, la Hongrie entretenait des relations ambivalentes tant avec l'Allemagne qu'avec ses citoyens juifs. C'est en Hongrie qu'a été adoptée en 1920 l'une des premières lois antijuives de l'Europe de l'entre-deux-guerres. La « Solution finale » prônée par l'Allemagne y sera aussi rapidement mise en place, malgré une vive opposition constituée du Parti des petits propriétaires, du Parti social-démocrate et des partisans conservateurs du comte István Bethlen. Le 28 mai 1938, cette opposition a combattu avec véhémence l'adoption de la deuxième loi antijuive en 18 ans que défendaient les deux chambres du Parlement hongrois, fortement soutenues à la Chambre haute par des représentants des hauts clergés catholique et protestant. Le comte Bethlen avait pourtant tenté, mais en vain, de faire passer un avertissement en déclarant : « Une chose me semble évidente : si un *Gleichschaltung* (une mise au pas) de la vie politique se produit en Hongrie selon les termes prônés par l'extrême droite, nous finirons par devenir les serviteurs de l'Allemagne et non ses amis. Ce sera la fin d'une politique extérieure hongroise indépendante[1]. » Sa déclaration s'est révélée prophétique.

L'amiral Miklòs Horthy, régent de Hongrie de 1920 à 1944, était lui-même un parfait représentant de la droite hongroise : antisémite et antibolchévique fanatique, il détestait également l'idéologie nazie qui représentait à ses yeux une menace tout aussi grave pour l'ordre social. Il a proscrit aussi bien la version hongroise des nazis, les Nyilas (Croix fléchées), que les communistes, mais a exploité l'antisémitisme hongrois pour apaiser Hitler, évitant probablement la formation d'un mouvement nazi plus virulent dans son pays. Aux élections de mai 1939, le Parti des Croix fléchées a remporté 25 % des voix et 30 sièges au Parlement hongrois. Alors que les Juifs constituaient le quart de la population de Budapest, l'antisémitisme hongrois tenait moins d'une haine fondée sur la race que d'un ressentiment latent envers la richesse et l'influence dont jouissaient les Juifs assimilés et les Juifs communistes. Leur forte présence parmi les dirigeants communistes, tant sur la scène internationale que locale, a d'ailleurs été un facteur important dans la montée de l'anticommunisme hongrois. Beaucoup de Hongrois estimaient que c'était en premier lieu à cause des Juifs et de leur chef de file, le bolchévique Béla Kun, que la Hongrie avait perdu ses territoires. Fondateur du Parti communiste hongrois, Béla Kun avait dirigé en 1919 l'éphémère et sanglante République des Conseils de Hongrie, un gouvernement d'inspiration communiste.

~

1 Tibor, Frank. *Discussing Hitler : Advisers of U.S. Diplomacy in Central Europe, 1934–1941*. Budapest et New York : Presses de l'Université d'Europe centrale 2003, p. 47. Citation provenant de documents du Comité parlementaire (Archives nationales hongroises, XIX : 341–342) et rapportée dans György Ránki : *Emlékiratok és valóság Magyarország második világháborús szerepéről*, Bupapest, Kossuth : 1964, 46)

Après avoir traversé la frontière avec Arthur, Victor et Léa, Zuzana s'est rendue chez sa tante Ethel à Budapest, et c'est avec bonheur qu'elle a retrouvé sa famille. Elle a ensuite obtenu de faux papiers et un nouveau nom à consonance polonaise catholique: Helena Smutek. Elle a également travaillé avec un professeur pour renforcer sa maîtrise du français. Sa facilité à apprendre les langues étrangères a joué un rôle capital dans sa survie, bien que le professeur en question se soit avéré être un traître.

En mars 1944, l'équilibre fragile que la Hongrie avait préservé dans ses relations avec l'Allemagne a brusquement été rompu. La Hongrie avait pleinement profité de la spoliation des avoirs juifs – elle avait adopté ses décrets antijuifs tôt et les avait appliqués de manière rigoureuse. S'il est vrai que le gouvernement avait opposé son refus aux déportations massives, il n'a cependant rien fait pour empêcher qu'en août 1941, des milliers de Juifs orthodoxes qui avaient afflué des pays annexés soient rapatriés de force en Ukraine, puis massacrés par les SS qui les considéraient comme des « apatrides ». Six mois plus tard, en avril 1942, la police hongroise a assassiné plus de 800 Juifs à Novi Sad, une ville du nord de la Yougoslavie occupée par les nazis et annexée à la Hongrie. Le pays avait prospéré en tant que fournisseur de l'Allemagne, mais au début de 1944, Horthy s'est rendu compte que l'issue de la guerre ne serait pas favorable au Reich. Il a donc tenté de négocier avec les Alliés dans le but de se dégager de son pacte avec l'Allemagne. Mais Hitler a déjoué ses plans et Horthy n'a pu qu'assister, impuissant, à l'invasion allemande. Comme l'écrit Zuzana : « Consternés, mais pas vraiment surpris, nous avons été témoins de l'invasion de la Hongrie par les Allemands, avec la Gestapo et les SS, le 19 mars 1944. Ils ont instauré l'intolérance nazie et promulgué de nouvelles lois barbares. Les officiers de la Gestapo se montraient particulièrement sanguinaires et avides de renflouer leurs coffres pour satisfaire leur penchant grandissant pour les objets de luxe. »

À la suite de l'invasion, les Allemands se sont approprié le complexe industriel de Csepel, la plus grande usine d'armements de Hongrie, tandis que ses anciens propriétaires, Manfréd Weiss et sa famille, ont pu fuir, sains et saufs, au Portugal. En six semaines, du début mai au milieu de juin 1944, le gouvernement hongrois de Horthy a mené l'entreprise de déportation massive la plus rapide de toute l'Europe. Entre le 15 mai et le 9 juillet, plus de 437 000 Juifs ont été déportés et se sont retrouvés à Auschwitz-Birkenau, à l'exception de 10 000 à 15 000 d'entre eux. Les rouages de la machine à rafler et à assassiner les Juifs d'Europe étaient alors bien huilés. Et si les Allemands étaient en train de perdre la guerre, ils étaient néanmoins déterminés à gagner la bataille de la « Solution finale ».

Beaucoup de Hongrois n'ont pas hésité à participer à ces actions et les gendarmes ont « nettoyé » le pays. On veillait cependant à envoyer ces hommes dans des régions autres que la leur – comme cela avait été le cas en Slovaquie – de façon à ce qu'ils n'aient pas à s'en prendre à des amis ou à des voisins. Comme en Slovaquie encore, c'est dans les bataillons de l'armée affectés aux travaux forcés que les Juifs étaient le plus en sûreté, tant qu'ils n'étaient pas envoyés sur le front de l'Est.

Déchaînés, les membres des Croix fléchées ont commencé à terroriser la communauté juive de Budapest qui avait été entassée de force dans un ghetto comptant 200 000 personnes. Entre la déportation, les camps de travail forcé, les rafles initiées par les gendarmes hongrois et les Croix fléchées, seuls 70 000 Juifs ont réussi à survivre dans le Ghetto et quelque 20 000 au-dehors, gardés à l'abri dans des « maisons à l'étoile jaune », des habitations protégées par l'immunité diplomatique et reconnaissables à de grandes étoiles jaunes. La communauté juive de Budapest était la dernière d'Europe encore en existence. Ayant compris que les choses allaient mal se terminer en Hongrie, Zuzana, Arthur et Victor ont cherché un moyen de rentrer en Slovaquie, mais ils ont été arrêtés avant d'y parvenir. Menacée d'être rouée de coups, Zuzana a fini par avouer être juive, livrant de ce fait Arthur (avec qui elle s'était fiancée) et Victor. Les trois jeunes gens ont été envoyés dans des camps de travail au complexe de Cespel, puis dans une usine de briques à Békásmegyer, au bord du Danube, où selon Zuzana, 30 000

Juifs attendaient d'être déportés en Pologne. Arthur était bien décidé à ce que ni sa fiancée, ni son frère, ni lui-même ne quittent l'usine dans un wagon à bestiaux. Son assurance et sa rapidité d'esprit permettront au couple d'échapper à plusieurs reprises au danger, quitte parfois à devoir en affronter un autre dans la foulée.

Finalement relâchés, Zuzana et Arthur ont vécu à Budapest un certain temps en se faisant passer pour des Polonais catholiques et en tentant le plus possible de passer inaperçus. La situation politique du pays restait néanmoins dangereusement instable. Les troupes soviétiques occupant de plus en plus de territoire en Hongrie et avançant vers Budapest, Horthy, désespéré, a signé un armistice avec Moscou. Apprenant la nouvelle à la radio, les Hongrois ont commencé à fêter la fin de la guerre, mais leur euphorie a été de courte durée : Horthy a été arrêté par les Allemands et forcé de démissionner. Le 15 octobre 1944, le pouvoir a été confié au fasciste Ferenc Szálasi, chef du Parti des Croix fléchées, qui n'était en réalité que l'instrument des Allemands. Szálasi a institué un régime de terreur. Les rafles et les déportations ont repris et les Croix fléchées ont fusillé des milliers de Juifs sur les berges du Danube. Zuzana a été arrêtée de nouveau, mais cette fois, elle a gardé le silence, feignant de ne pas parler hongrois.

Le couple a fini par louer une chambre chez une femme fidèle à Szálasi, dont le fils se battait contre les communistes « juifs » sur le front de l'Est. Mais se cacher à la vue de tous comportait des risques. Ils ont néanmoins trouvé une certaine forme de sécurité dans l'anonymat d'un abri antiaérien où ils ont attendu que cessent les bombardements sur Budapest, désormais encerclée par les Soviétiques et défendue par les armées allemande et hongroise. Puis l'Armée rouge a libéré la Hongrie et le pays a déclaré la guerre à l'Allemagne le 31 décembre 1944. Le 18 janvier 1945, Zuzana et Arthur ont quitté leur abri et se sont aventurés dans les rues silencieuses. La guerre était terminée, mais le couple n'était toujours pas hors de danger.

Au printemps 1945, Zuzana et Arthur ont décidé de rentrer en Slovaquie, quittant Budapest non sans une certaine tristesse. À la gare, tandis qu'ils attendaient un train qui tardait à arriver, ils ont retrouvé Victor, parti à leur recherche en Hongrie. C'est alors que Zuzana a appris le sort qu'avait connu son père qui avait pris part au soulèvement national slovaque. Le déclenchement du soulèvement à la fin d'août 1944 avait provoqué une seconde vague de rafles et de déportations, et moins de 10 000 des 24 000 Juifs qui se trouvaient toujours en Slovaquie avaient survécu. Tous les membres de la famille d'Arthur avaient disparu, à l'exception de son frère Eman.

À son retour à Humenné, Zuzana a pu récupérer les rares biens familiaux qui avaient été sauvegardés par des voisins, notamment des photographies. Elle n'en a trouvé qu'une seule de son père, celle de son passeport. Juif pratiquant, il avait respecté sa vie durant les lois bibliques interdisant l'idolâtrie sous toutes ses formes, y compris celle qui consistait à représenter l'être humain. La plupart des camarades de classe figurant sur les photos d'école de Zuzana avaient été tués, une poignée seulement ayant eu la chance de s'en sortir. À l'instar de nombreux Juifs rentrés dans leur foyer après la guerre, Zuzana s'est rendu compte qu'elle ne se sentait plus chez elle à Humenné. « Rares sont ceux qui sont demeurés dans leur ville natale – trop de rappels du passé », écrit-elle.

Le 5 avril 1945, la République tchécoslovaque a été reconstituée sous la forme d'un État commun formé de deux nations égales. À peine 10 000 Juifs rapatriés ont été recensés par les communautés juives. Sur les 80 614 Juifs déportés, 6 392 avaient trouvé la mort à Theresienstadt et 64 172 avaient été assassinés dans les camps. Parmi les Juifs qui n'avaient pas été déportés, 5 201 avaient été exécutés, s'étaient suicidés ou étaient morts de causes naturelles. Il ne restait que 2 803 Juifs en Bohême-Moravie, la plupart en situation de mariages mixtes. Et les Juifs rapatriés dans les régions du sud-est de la Pologne, en Ukraine et dans l'est de la Tchécoslovaquie n'étaient pas au bout de leur peine, car ils ont de nouveau été terrorisés par des groupes errants de *banderas*, une organisation informelle composée essentiellement de déserteurs de l'armée et de nationalistes ukrainiens, dirigée par Stepan Bandera, le chef controversé du mouvement nationaliste anticommuniste ukrainien.

Zuzana et Arthur se sont mariés à Humenné, mais la crainte et un sentiment profond de perte les ont poussés à s'installer à Bratislava, une ville du sud-ouest de la Slovaquie, où ils sont restés durant les 23 années suivantes.

Dans ses mémoires, Zuzana se penche sur la différence entre se concentrer sur le passé et se tourner vers l'avenir. Sans renier leur passé, les Sermer ne s'y sont pas attardés non plus, sachant que l'aptitude à vivre dans le présent constituait le meilleur moyen de s'en sortir. Or, en dépit de tous leurs efforts, le passé a continué de resurgir par le truchement des expériences que leur racontaient leurs amis et par le remboursement de dettes anciennes. En assemblant les morceaux de ces récits, parfois bien des années après les faits, elle nous donne un aperçu des horreurs auxquelles elle-même a eu la chance d'échapper.

Les Sermer ont fondé une famille, ont eu quatre enfants et ont vécu pleinement leur vie en Tchécoslovaquie communiste. Dans ce régime de démocratie populaire, établi peu après la prise de pouvoir communiste en 1948, on décourageait tout sentiment d'appartenance à une race, à une ethnie ou à une nation. Comme tant de survivants installés sous les régimes communistes d'Europe de l'Est après la guerre, la famille Sermer a donc maintenu quelque peu ses attaches à la communauté juive, mais elle s'est tout de même gardée de faire étalage de son passé juif. Leurs enfants ont grandi dans l'ignorance des rituels juifs.

Cette période relativement calme et prospère a pris fin encore une fois en août 1968 quand les Soviétiques ont occupé la Tchécoslovaquie. En 1960, le pays, rebaptisé République socialiste tchécoslovaque, avait adopté une nouvelle constitution établissant le socialisme comme système économique. Alexander Dubček dirigeait la nouvelle aile réformiste du Parti et prônait un « socialisme à visage humain ». Mais après la révolution hongroise de 1956, les Soviétiques n'étaient pas d'humeur à tolérer un autre mouvement de libéralisation et pour écraser le Printemps de Prague, les cinq États membres du pacte de Varsovie (l'URSS, la République démocratique allemande, la Pologne, la Hongrie et la Bulgarie) ont envahi le pays le 21 août 1968, avec près de 500 000 soldats, 2 000 canons, 800 avions et 6 000 chars. La famille Sermer a dû fuir à nouveau, cette fois à Vienne, n'emportant avec elle que les billets de train et quelques effets personnels. Zuzana n'explique pas leur décision de quitter le pays, mais on peut présumer qu'elle tient à plusieurs facteurs, parmi lesquels l'instabilité politique, la recrudescence de l'antisémitisme et le désir de fuir un régime répressif. Des milliers de Tchécoslovaques ont d'ailleurs choisi de partir également, dont 3 400 Juifs. De Vienne, les Sermer ont immigré au Canada en octobre 1968.

Au Canada, pays de paix et de sécurité où les Sermer ont pu reconstruire leur vie et renouer avec la tradition juive, Zuzana se penche sur le miracle de sa survie. À l'occasion de la *bar mitsvah* de son petit-fils, un rouleau de la Torah ayant appartenu à une communauté tchèque décimée est venu symboliser la survie et la continuité, tout comme le font les mémoires de Zuzana. Les tableaux que Zuzana Sermer continue de peindre sont imprégnés des couleurs de la vie et de la mort, mais font aussi voir le miracle du renouveau après un anéantissement presque total.

Julia Creet
Université York
2012

RÉFÉRENCES BIBLIOGRAPHIQUES

Braham, Randolph L. *The Politics of Genocide: the Holocaust in Hungary*. Édition abrégée. Détroit, MI ; Washington, DC : Presses de l'Université d'État de Wayne ; United States Holocaust Memorial Museum, 2000. Version imprimée.

Braham, Randolph L., Scott Miller et United States Holocaust Memorial Museum. *The Nazis' Last Victims : The Holocaust in Hungary*. Détroit : Presses de l'Université d'État de Wayne, 1998. Version imprimée.

Cesarani, David. *Genocide and Rescue: The Holocaust in Hungary 1944*. Oxford et New York: Berg, 1997. Version imprimée.

Conway, John S. « The Churches, the Slovak State and the Jews 1939–1945 », *The Slavonic and East European Review*, vol. 52 n° 126 (1974), p. 85–112. Consulté sur la toile, 7 août 2012.

Frank, Tibor. *Discussing Hitler: Advisers of U.S. Diplomacy in Central Europe, 1934–1941*. Budapest et New York: Presses de l'Université d'Europe centrale, 2003. Version imprimée.

Komoroczy, Geza. Viktoria Pusztai et Andrea Strbik. *Jewish Budapest: Monuments, Rites, History*. Éd. Kinga Frojimovics. Budapest et New York: Presses de l'Université d'Europe centrale,1999. Version imprimée.

Lendvai, Paul. *The Hungarians: A Thousand Years of Victory in Defeat*. Princeton: Presses de l'Université de Princeton, 2004. Version imprimée.

Rothkirchen, Livia. *The Jews of Bohemia and Moravia: Facing the Holocaust*. Lincoln: Presses de l'Université du Nebraska, 2006. Version imprimée.

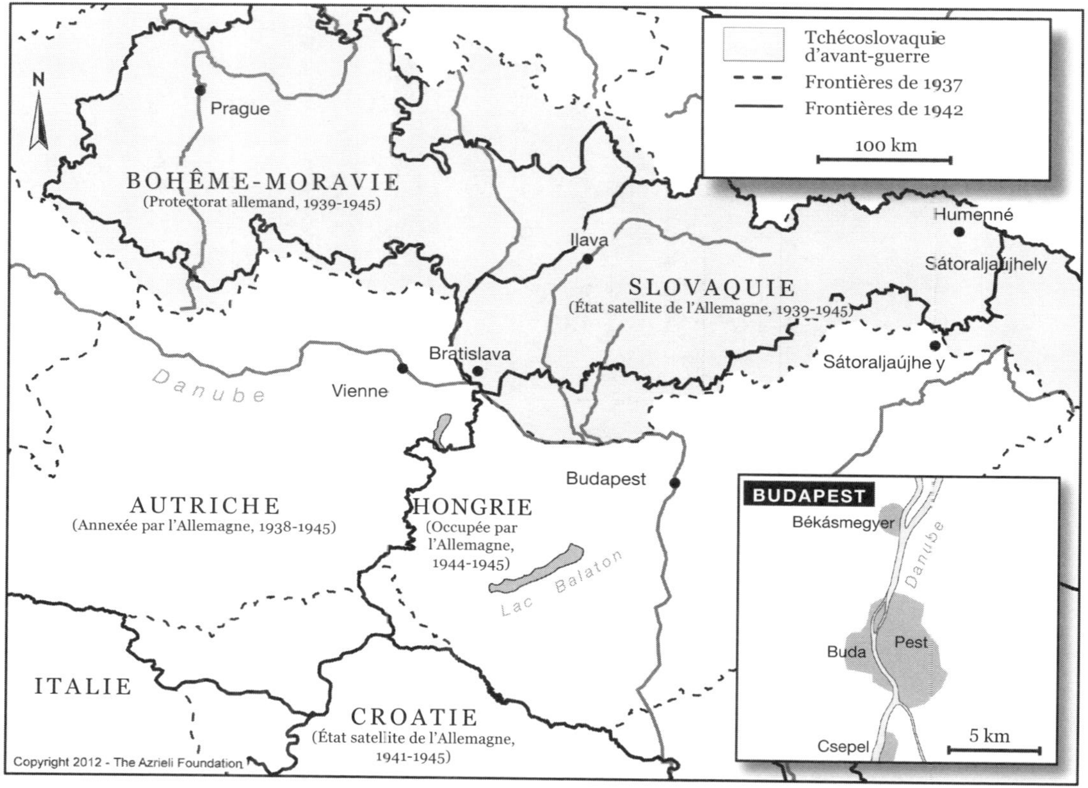
Tchécoslovaquie d'avant-guerre
Frontières de 1937
Frontières de 1942
100 km
N
Prague
BOHÊME-MORAVIE
(Protectorat allemand, 1939-1945)
Ilava
Humenné
Sátoraljaújhely
SLOVAQUIE
(État satellite de l'Allemagne, 1939-1945)
Bratislava
Sátoraljaújhe y
Danube
Vienne
Budapest
AUTRICHE
(Annexée par l'Allemagne, 1938-1945)
HONGRIE
(Occupée par l'Allemagne, 1944-1945)
Lac Balaton
ITALIE
CROATIE
(État satellite de l'Allemagne, 1941-1945)
BUDAPEST
Békásmegyer
Danube
Buda
Pest
Csepel
5 km

Arbre généalogique

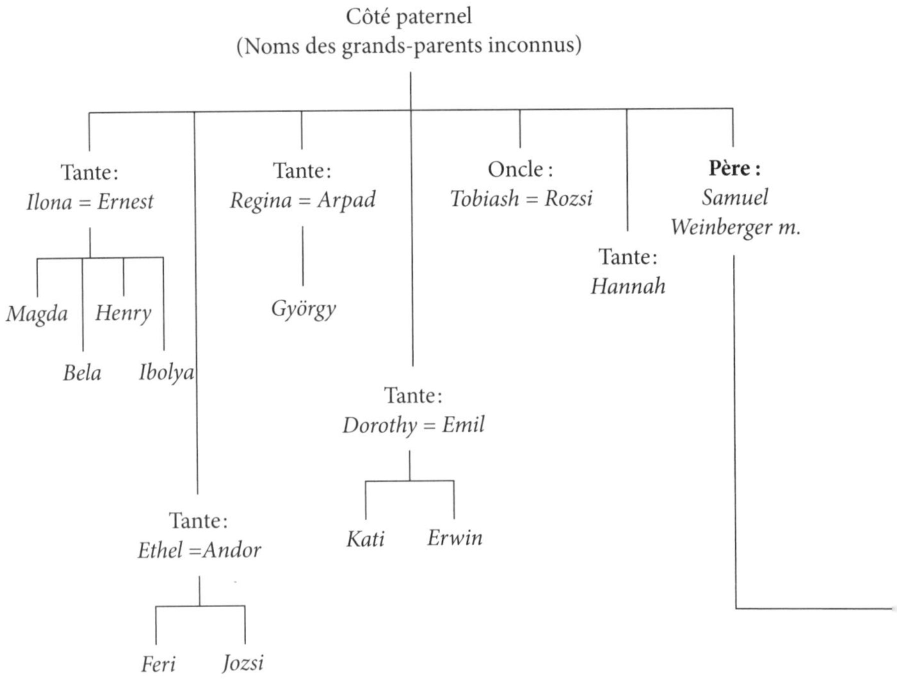

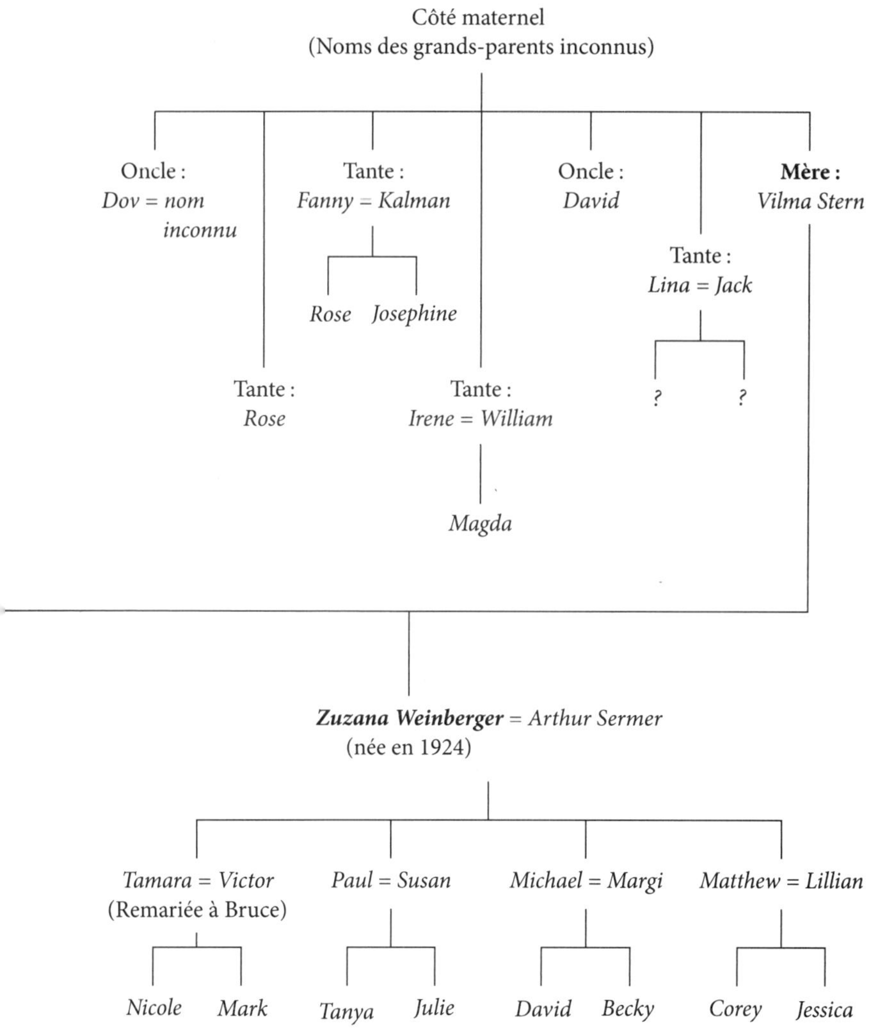

Côté maternel
(Noms des grands-parents inconnus)
Oncle :
Dov = nom inconnu
Tante :
Fanny = Kalman
Rose
Josephine
Oncle :
David
Mère :
Vilma Stern
Tante :
Lina = Jack
?
?
Tante :
Rose
Tante :
Irene = William
Magda
Zuzana Weinberger = Arthur Sermer
(née en 1924)
Tamara = Victor
(Remariée à Bruce)
Nicole
Mark
Paul = Susan
Tanya
Julie
Michael = Margi
David
Becky
Matthew = Lillian
Corey
Jessica

À Tamarka, Palko, Miško et Mako

Je suis très reconnaissante à ma belle-fille Susan pour sa lecture attentive de mon manuscrit et pour ses commentaires éclairés.

Certains noms (autres que ceux des membres de ma famille) ont été changés par respect pour la vie privée des personnes mentionnées et pour celle de leurs proches.

Préface de l'auteure

Au moment de retracer les événements singuliers qui ont marqué ma jeunesse, je dois avouer que mon esprit est tout absorbé par le passé. Plus de cinquante ans sont passés depuis la Deuxième Guerre mondiale et j'en suis toujours à faire le point sur cette période de ma vie, cherchant à comprendre les circonstances incroyables qui ont contribué à ma survie.

Comment expliquer l'inexplicable ? Tant de facteurs ont permis que je sois encore de ce monde, autant de hasards, de coïncidences, de circonstances qui, en fin de compte, tiennent surtout du miracle. L'amour de mes parents, ma naïveté apparente, le courage et la détermination de mon fiancé – tout cela a joué un rôle dans le fait que je puisse aujourd'hui raconter ma propre histoire. J'ai eu de la chance que tant d'éléments m'aient été favorables.

En réfléchissant à mon passé, je me suis rendu compte que je ne voulais pas l'emporter dans ma tombe. J'ai toujours aimé écrire. Jeune adolescente déjà, je rédigeais des poèmes, des essais et même des paroles de chansons. En 1955, dix ans après la guerre, alors que je me préparais enfin à passer mon diplôme d'études secondaires, j'ai lu mes textes à mes camarades de mon cours de littérature. Les histoires et les idées jaillissaient du plus profond de moi-même et je n'étais pas tranquille tant que les mots n'apparaissaient pas sur la page devant moi.

Mes textes comportaient toujours une morale, un enseignement quelconque. Écrire pour écrire ne m'a jamais intéressée. Au lendemain de la guerre, tandis que le système communiste s'implantait peu à peu en Tchécoslovaquie, il y avait amplement matière à penser, une foule de sujets à traiter. Mes articles ont paru dans divers magazines et quotidiens. J'écrivais sur ceux qui avaient accompli de bonnes actions et dont la conduite était digne d'estime. J'observais les conséquences d'erreurs humaines commises par inadvertance et la façon dont les gens se tiraient d'affaire malgré des conditions économiques et un contexte politique extrêmement difficiles. J'ai également commencé à partager mon expérience en tant que mère, offrant des conseils sur la façon d'aider les enfants à corriger leurs mauvaises habitudes alimentaires ou sur les manières de trouver un juste équilibre entre le temps consacré au jeu et celui nécessaire à l'étude.

En 1968, après des années productives passées à élever mes enfants et à écrire, j'ai fui la Tchécoslovaquie communiste avec ma famille à la suite de l'invasion des Soviétiques. Nous avons immigré au Canada la même année. Plus tard, nos quatre enfants, Tamara, Paul, Michael et Matthew, ont terminé leurs études, se sont mariées et nous ont donné huit beaux petits-enfants. Mon mari, Arthur, et moi profitons maintenant de notre retraite, en assez bonne santé tous les deux, mais de moins en moins soucieux de nous projeter dans l'avenir. Comme on peut s'y attendre, notre cercle social est moins étendu qu'il ne l'était, et les divertissements qui remplissaient naguère notre agenda ont été remplacés par les rendez-vous chez le médecin et les funérailles. J'espère néanmoins qu'en vieillissant, nous deviendrons moins exigeants et plus modestes.

Compte tenu de mon penchant de longue date pour l'écriture, il était tout naturel que j'éprouve un jour la forte envie d'entreprendre le récit de mon histoire. Le désir de créer, d'être productive, était profondément ancré en moi durant les terribles années de guerre ; une force morale et une grande détermination coulaient dans mes veines. Et si, par nécessité, cet élan de création a été longtemps contenu, l'heure est maintenant venue de partager mes expériences.

Quand j'ai annoncé à mes amis et à mes connaissances que j'écrivais un livre, j'ai eu droit à toutes sortes de réactions. On me demandait souvent dans quelle langue j'allais rédiger ce livre. La question était légitime, car l'anglais n'est manifestement pas ma langue maternelle, ni même ma deuxième langue ! Je répondais toujours que ce serait l'anglais. Je ne sentais pas le besoin d'écrire dans ma langue maternelle – le hongrois –, puis de faire traduire. J'étais fière de pouvoir écrire en anglais. Puis, mes amis m'ont demandé quel était le sujet de cet ouvrage. Cette question était tout aussi fondée, car j'avais abordé une grande variété de thèmes par le passé. Je leur ai simplement répondu : « J'écris sur la guerre, je raconte l'histoire miraculeuse de ma survie. »

Certains de mes amis rescapés de l'Holocauste m'ont fait remarquer que je n'étais pas la seule à avoir une histoire à transmettre. « Oh, ÇA ! m'a lancé un survivant. Je pourrais très bien écrire sur ce sujet moi aussi. Je pourrais en parler pendant des heures. Tu te rappelles quand je suis sorti du ghetto et que je n'avais pas mes papiers sur moi ? Mais qui est assez solide pour raconter ces histoires ? » Un autre m'a posé la question : « Peux-tu me dire qui se soucie vraiment de ça aujourd'hui, cinquante ans après les faits ? Qui peut bien s'intéresser à ce qui nous est arrivé ? J'ai passé une journée devant une caméra à raconter ce que j'avais vécu durant la guerre, pour la Fondation Spielberg[1]. Et après ? »

D'autres survivants de ma connaissance partagent ce point de vue. Nous avons du mal à accepter que l'enseignement de l'Holocauste n'ait été que récemment considéré comme important. Pourquoi cela a-t-il pris tant de temps ? Certains ont avancé l'explication que cela

---

1 Il s'agit du *USC Shoah Foundation Institute*, la Fondation des archives de l'histoire audiovisuelle des survivants de la Shoah. Pour plus de détails concernant cette fondation et les autres grands organismes, les événements et les personnages historiques, les lieux géographiques, les termes religieux et culturels, ainsi que les expressions et mots d'origine étrangère, veuillez consulter le glossaire.

aurait nui aux jeunes élèves sur le plan psychologique. Mais pour la plupart d'entre nous, cette réponse n'était pas satisfaisante. Nous nous demandons ce qui pouvait être plus important que de parler du massacre des Juifs d'Europe. Les conséquences à long terme ne nous touchent-elles pas tous ? J'estime que les générations futures doivent absolument prendre conscience des injustices dont nous avons souffert durant l'Holocauste et savoir qu'il ne faut jamais céder aux préjugés et à la brutalité. La guerre nous aura aussi appris qu'il faut se battre pour protéger ses droits. Et s'il n'y avait qu'une chose à retenir de la Deuxième Guerre mondiale, je souhaiterais que ce soit la nécessité d'éliminer toutes les formes de haine qui persistent encore aujourd'hui.

Au moment où les écrits sur l'Holocauste se multiplient, on peut se demander s'il n'y en a pas déjà trop. « Qui peut lire tout cela ? » m'a demandé un ami. Mais y a-t-il vraiment une surabondance de ce genre de livres ? Comment une poignée de survivants pourrait-elle inonder le marché avec ses récits ? J'en suis arrivée à la conclusion qu'il nous revient de raconter nos expériences, que nous en avons le devoir. Il appartient aux autres de décider s'ils liront nos récits ou pas – j'espère qu'ils le feront.

En relatant mon histoire et celles d'autres personnes que j'ai connues ou croisées sur mon chemin, j'ai tenté de ne pas sombrer dans des profondeurs insoutenables. Malgré l'horreur, souvent, il y avait aussi de l'espoir. Le sujet que j'aborde est certes douloureux, mais mon intention n'est pas d'arracher des larmes aux lecteurs. Je souhaite plutôt éclairer ceux et celles qui souhaitent m'écouter et leur faire voir comment l'espoir a coloré toute ma vie – un espoir qui trouve sa source dans la façon dont je perçois le monde qui m'entoure.

Expliquer aux autres comment je me sens n'est pas chose facile. J'ai le sentiment que tant que je m'accroche à mes croyances fondamentales, je ne suis pas perdue. Tout au long des rudes épreuves de la guerre, mon optimisme m'a aidée à survivre. Cette confiance en l'avenir me permet encore aujourd'hui de traverser les moments difficiles. Mon expérience m'a également amenée à croire au destin.

Je me dois d'y croire, sinon je ne parviendrais pas à expliquer certains des événements qui ont marqué ma vie. Or, l'espoir et le destin seuls ne suffisent pas : on doit aussi être prêt à s'aider soi-même. Et Dieu merci, c'est possible dans la plupart des cas.

Je me demande néanmoins quelle force m'a protégée durant la guerre. Il me faut croire qu'une puissance invisible et bienveillante a accompagné ceux d'entre nous qui ont survécu. Je ne veux pas laisser entendre que ma vie est exceptionnelle – elle n'a rien de spécial. Mais quand on pense que des millions de personnes ont perdu la vie, y compris mon père et beaucoup de membres de ma famille, ma survie a tout de même quelque chose d'extraordinaire.

Parmi les rescapés, beaucoup ont tenté d'enfouir leurs souvenirs. Au contraire, nous devons faire connaître nos histoires. Je veux consigner les événements décisifs qui nous ont permis, à moi et aux survivants de mon entourage, de tenir bon. C'est dans ce but que j'offre la présente *Trousse de survie*. J'espère que mes mémoires enrichiront les connaissances que nous avons sur l'Holocauste, mais aussi que ma famille, ainsi que les autres, pourront tirer bénéfice des leçons qui s'en dégagent. S'il est une chose que nous devons retenir du passé, c'est qu'il ne faut jamais baisser notre garde. Notre meilleure arme n'est pas la vengeance, mais la vigilance.

Zuzana Sermer
1999

Ma ville natale

Je suis née le 29 août 1924 à Humenné, en Tchécoslovaquie, au pied des Carpates. Dans cette ville aujourd'hui slovaque, le climat est parfait – les étés ne sont jamais humides et les hivers sont doux. Quand j'étais enfant, un peu moins de la moitié de ses 6 000 habitants étaient juifs, tandis que l'autre moitié comptait une majorité de catholiques, ainsi que de petites communautés de luthériens, de grecs orthodoxes et de Tsiganes. Aujourd'hui, près de 90 % des habitants de Humenné sont des catholiques slovaques. Pour le reste, on dénombre surtout des Ruthènes de confession grecque orthodoxe, ainsi que de petits groupes de Tsiganes et quelques Hongrois. Il ne reste qu'une poignée de Juifs.

La plus ancienne mention écrite de Humenné remonte à 1317, ce que j'ai appris grâce à une invitation que m'a envoyée le maire de la ville à la fin des années 1990. Il me conviait à assister à une journée de commémoration en hommage aux martyrs de la Deuxième Guerre mondiale. J'avoue que j'ai été très étonnée d'apprendre que ma ville natale avait une si longue histoire, mais aussi qu'on s'y souvenait de moi alors que j'avais quitté la région plus de cinquante ans auparavant.

Le programme des célébrations comprenait le dévoilement d'une plaque en l'honneur de « co-citoyens » juifs. Ce terme m'a fait sourire, car je me souviens que, durant l'ère communiste, les Juifs étaient poliment qualifiés de « co-citoyens » par les représentants du gouvernement et les journalistes qui avaient travaillé pour le régime fasciste slovaque pendant la guerre. Sous le régime communiste, ces gens avaient continué à occuper des postes importants dans leurs domaines respectifs – en dissimulant habilement les détails de leurs activités durant le conflit, ils avaient en effet recommencé leur vie à zéro après 1945, faisant table rase du passé.

Pourquoi des « co-citoyens » ? Personne n'a jamais parlé des catholiques en termes de « co-citoyens ». Pourquoi faire une distinction quand tout le monde possède une carte d'identité, un acte de naissance et un certificat de citoyenneté délivrés par le même gouvernement, et que tout le monde doit respecter les lois du pays ? Avant la guerre, les Juifs faisaient partie intégrante de la société tchécoslovaque. Je me suis demandé pourquoi ce terme de « co-citoyen » était toujours en usage à Humenné.

J'ai l'impression que dans ma ville natale, on n'a pas complètement oublié le passé. Dans sa lettre, le maire précisait que j'avais été invitée à la suggestion de la « communauté religieuse juive » de Humenné. Mais qui pouvaient bien être ces gens ? Je ne connais qu'une seule famille juive qui y vive encore, celle de l'une de mes amies d'enfance, et je doute fort qu'il y ait là plus d'une quinzaine d'autres Juifs. J'imagine que les responsables locaux ont dû avoir beaucoup de mal à retrouver des survivants après plus d'un demi-siècle !

Le gouvernement a mis trop de temps à reconnaître ouvertement la tragédie des Juifs de Slovaquie, à prendre officiellement position. Et les Juifs sont encore marginalisés par l'Histoire dans cette région. À titre d'exemple, la dernière fois que je me suis rendue au monument érigé au-dessus de la fosse commune de Kremnička – où sont enterrées près de 800 personnes assassinées par des soldats nazis en novembre 1944, lors du soulèvement national slovaque – il n'y avait pas un seul mot au sujet des victimes juives. Près de la moitié des personnes tuées étaient juives. Or, sur la haute pierre tombale en marbre gris-noir ne figuraient que divers peuples et nationalités, tels Slovaques, Tchèques, Russes et Tsiganes, ainsi que la mention « femmes et enfants ». Heureusement, j'ai appris depuis que l'on avait modifié l'inscription sur le monument pour honorer la mémoire des Juifs qui avaient péri à cet endroit.

Je ne me suis pas rendue à Humenné pour assister à cette commémoration. À 72 ans, cela aurait été trop difficile pour moi ; je devais éviter le stress autant que possible. J'ai néanmoins été ravie de recevoir l'invitation du maire. La dernière fois que je suis allée à Humenné, c'était en 1992, un an avant que mon ancienne patrie, la Tchécoslovaquie, ne se scinde pacifiquement en deux parties inégales : la République tchèque et la Slovaquie. Cette séparation a brisé le cœur de bien des gens. La première République de Tchécoslovaquie avait été créée au lendemain de la Première Guerre mondiale, dans la foulée de l'effondrement de l'Empire austro-hongrois. C'était une perle de la démocratie qui se démarquait en cela des nations voisines et des pays d'Europe centrale en général. La Tchécoslovaquie a été disloquée dans la violence une première fois, en septembre 1938, quand Hitler a annexé les régions frontalières occidentales de la Bohême, de la Moravie et de la Silésie (régions connues collectivement sous le nom de Sudètes), élargissant de ce fait le territoire allemand. Puis, en mars 1939, le Führer s'est emparé de la région centrale, a établi le Protectorat allemand de Bohême-Moravie et proclamé la création d'un État slovaque indépendant placé sous protection allemande. Ce régime fantoche est resté loyal à Hitler jusqu'à la fin de la guerre. En 1993, le pays de mon enfance a été démantelé une troisième fois – et pour toujours, je suppose.

Lors de mon séjour à Humenné, la ville m'a paru étrange, méconnaissable. Je n'y ai retrouvé qu'un seul repère familier, le château majestueux ayant appartenu pendant des siècles aux comtes Andrássy, une famille d'aristocrates célèbres du temps de l'Empire austro-hongrois. La ville a non seulement été complètement rebâtie, mais elle s'est étendue en englobant les villages environnants. Beaucoup de ses rues ont disparu au profit de grandes artères. De nouveaux immeubles d'appartements ont été construits pour accueillir le flot de jeunes ayant quitté les fermes familiales des alentours pour venir trouver du travail en ville. Beaucoup de gens originaires de localités assez éloignées s'y sont également installés, si bien que la population de Humenné a décuplé pour atteindre aujourd'hui 40 000 habitants.

La formidable expansion de la ville m'a frappée encore davantage lorsque j'ai voulu aller me recueillir sur la tombe de ma mère. Dans mon souvenir, le cimetière juif se trouvait à 2 kilomètres au moins de la ville, mais, aujourd'hui, il est situé tout près d'une voie urbaine. Une fois sur place, j'ai constaté que l'endroit était négligé, sombre. Avant la guerre, le cimetière faisait l'objet d'un entretien constant. J'ai été surprise qu'il n'en soit plus ainsi, et je n'ai pas d'explications. Il aurait été impensable qu'aucun changement n'ait eu lieu à Humenné au cours des nombreuses années écoulées depuis mon douloureux départ.

Mes souvenirs m'ont replongée dans la ville de mon enfance, celle d'avant-guerre, alors que la population juive comptait près de 3 000 habitants. J'ai marché le long de la rue Masaryk, aussi appelée rue Principale, où j'avais vécu avec ma famille. C'est l'une des seules artères qui n'aient pas vraiment changé. Avant la guerre, notre immeuble à deux étages comptait trois logements : un au premier et deux au rez-de-chaussée. Nous habitions dans l'un des logements du rez-de-chaussée, un vaste appartement de deux chambres, assez spacieux pour héberger deux familles. La propriétaire de l'immeuble, une veuve, occupait le logement du premier. Son mari avait travaillé dans le secteur bancaire, et son fils, un jeune célibataire, étudiait la médecine. Elle avait également deux filles, dont l'une avait deux enfants et possédait une pharmacie.

À l'époque paisible de la première République tchécoslovaque, les membres de la famille de ma propriétaire étaient des représentants typiques de la bourgeoisie juive. Beaucoup de Juifs possédaient maison et entreprise. Les parents tenaient par ailleurs à ce que leurs enfants reçoivent une bonne éducation et ils les poussaient à faire des activités parascolaires, choisies en fonction de leurs domaines d'intérêt et de leurs talents. Ils fréquentaient des familles de même statut social et se mêlaient rarement aux gens des classes inférieures, préférant se lier d'amitié avec leurs pairs non juifs. Il semble que la question de leur « importance » ou de ce qu'ils « représentaient » ait été cruciale. Pour eux, le maître mot était « chacun pour soi ». Ils suivaient le principe évoqué par l'un des proverbes populaires à l'époque : « L'argent mène le monde. »

Mais ce n'est pas ainsi que vivaient les Juifs pratiquants et la société juive en générale. Les Juifs orthodoxes, profondément religieux, constituaient une vaste entité distincte. Leurs ancêtres, venus de Pologne pour la plupart, s'étaient installés dans la région slovaque plus d'un siècle auparavant. Habitant principalement dans des villages ou de petites villes, ils s'accrochaient farouchement à leur identité. Influencés par le hassidisme polonais, nombre d'entre eux croyaient aux prophéties de ses célèbres rabbins à qui ils attribuaient des qualités quasi surhumaines. Les enseignements des rabbins et l'étude de la Torah ont conduit cette communauté très religieuse à espérer l'arrivée du Messie et elle vivait dans l'attente de cet événement. Les choses de ce monde ne présentaient aucun intérêt pour ses membres. Leur existence était centrée sur l'étude de la Torah, la source de tous les commandements, et du Talmud, l'ancien texte rabbinique, ces deux ouvrages guidant tous les aspects de leur vie.

Les pères orthodoxes tenaient à ce que leurs fils commencent leurs études religieuses à l'âge de 4 ans; ces derniers s'y consacraient du petit matin jusqu'au coucher du soleil. Plus tard, ils fréquentaient des établissements d'enseignement religieux en matinée ou en soirée, en dehors des heures de classe à l'école publique. Ces études rythmaient l'enfance, l'adolescence, le mariage et la vie de famille. Les parents préparaient leurs fils à devenir de brillants érudits, et leurs filles des épouses dévouées dont le premier devoir était d'avoir des enfants. Les femmes étaient destinées à devenir les reines de leur foyer et à obéir à la loi juive.

Par leur mode de vie, les familles orthodoxes s'isolaient volontairement du reste de la communauté juive. Elles fréquentaient un lieu de culte distinct, et ceux qui n'étaient pas des leurs supposaient à juste titre qu'elles fuyaient les influences libérales, voire profanes.

Ce portrait dépeint les familles religieuses de bien des villes et villages de la Slovaquie orientale de l'époque. Où qu'ils soient, les Juifs orthodoxes se consacraient à leur vie religieuse.

Un nombre relativement restreint de professionnels – médecins, avocats, pharmaciens et quelques ingénieurs – constituaient un troisième groupe social. Ils formaient l'élite de la société juive de Humenné, et ils étaient considérés comme très riches, selon les critères de Slovaquie orientale au cours des années 1930. Tout le monde admirait ces gens privilégiés qui semblaient à l'abri des difficultés quotidiennes. Peu nombreux, mais jouissant d'une grande influence, ils menaient leur vie en marge de la communauté, tels des aristocrates. En réalité, le citoyen moyen ne savait à peu près rien de ces notables. Les Juifs fortunés n'étaient pas très religieux et se mêlaient à la haute société hongroise, mais ils se mariaient rarement à des non-Juifs. Certains d'entre eux fréquentaient la synagogue deux fois par an, lors des Grandes Fêtes de *Rosh Hashanah* (le Nouvel An juif) et de *Yom Kippour* (Le Jour du Pardon) ; d'autres assistaient aux services le 7 mars pour célébrer l'anniversaire de Tomáš Garrigue Masaryk, fondateur et premier président de la Tchécoslovaquie, ou encore le 28 octobre, pour l'anniversaire de la proclamation de la République tchécoslovaque en 1918.

Les riches se montraient habituellement généreux à l'égard des moins nantis, respectant en cela l'approche humanitaire des enseignements du judaïsme, qui accordent une grande importance aux actes de bienfaisance. Aucun Slovaque ne jouissait d'un statut équivalent, du moins pas à Humenné. Du temps de la monarchie austro-hongroise, et plus tard de la République tchécoslovaque, les Slovaques n'avaient aucune perspective d'avenir et ont subi d'abord l'oppression des Hongrois, puis celle des Tchèques.

Avant-guerre, le quatrième et dernier groupe social de ma ville natale réunissait des gens comme nous, des Juifs de Slovaquie orientale, dont le statut économique variait de très pauvre à moyennement aisé, et qui ne pouvaient être assimilés à aucune des trois autres classes. Nous travaillions pour gagner notre subsistance, les uns facilement, les autres plus difficilement. Tout en faisant face à diverses réalités économiques, nous luttions pour réaliser des objectifs que les générations précédentes n'avaient pu atteindre : la reconnaissance et un meilleur avenir pour nos enfants. Beaucoup de familles tentaient difficilement de joindre les deux bouts et de préserver leur dignité.

~

Tous les Juifs de Humenné avaient une instance dirigeante appelée la Communauté religieuse juive, qui fournissait des services en matière religieuse, éducative et parfois légale. L'organisme avait été créé au XIXe siècle pour aider les propriétaires féodaux à percevoir des impôts auprès de la population juive. Dans ma jeunesse, il fallait verser une cotisation, aussi appelée « impôt religieux », à l'organisme.

À Humenné, les Juifs nés avant la Première Guerre associaient leur histoire culturelle et intellectuelle à la Hongrie. Beaucoup parlaient le hongrois et demeuraient fidèles à l'Empire. En 1918, après la chute de la monarchie des Habsbourg et la création de la première République tchécoslovaque, toutes les minorités ont eu la possibilité de déclarer leur appartenance à la nationalité de leur choix, quelle que soit leur langue. Trois ans plus tard, lors du premier recensement, beaucoup de Juifs se disaient Hongrois. Cela n'avait rien de surprenant pour les Juifs de Humenné : bien que nés en territoire slovaque, ils avaient passé presque toute leur vie sous l'ancien régime austro-hongrois. Cependant, près d'une décennie plus tard, le nombre de Juifs enregistrés en tant que Slovaques a dépassé la proportion de ceux qui se déclaraient Hongrois. Les Juifs orthodoxes, quant à eux, ont continué de s'identifier comme Juifs – ils préféraient se voir classés en tant que communauté religieuse plutôt que groupe ethnique ou national.

Ma langue maternelle a été le hongrois. Mes parents étaient abonnés à un quotidien hongrois que la poste leur faisait parvenir de Košice, une ville de Slovaquie orientale. Il leur était plus naturel de lire cette langue, car ils s'exprimaient ordinairement en zemplín (un dialecte de Slovaquie orientale que n'utilisait aucun quotidien) et n'avaient qu'une connaissance très limitée de la forme courante du slovaque. Nous nous sommes tous adaptés aux nouvelles conditions de la République qui, selon moi, étaient plus avantageuses et beaucoup plus libres qu'auparavant. À l'école, nous devions apprendre la nouvelle langue officielle, le slovaque, ainsi que l'exigeait l'État.

Les Juifs de la nouvelle génération née dans une Tchécoslovaquie indépendante soutenaient pleinement le gouvernement. Nous vivions au sein d'une véritable démocratie dirigée par notre président bien-aimé,

Tomáš G. Masaryk, surnommé « le philosophe-roi ». Cet homme respecté dans le monde entier, nous l'appelions affectueusement « notre père ». Nous avions l'habitude de chanter : « Notre vieux père à tous, tu as la tête blanche ; tant que tu vivras, rien de mal ne pourra nous arriver. » Beaucoup de Juifs le considéraient comme un héros – le garant de notre démocratie, de notre paix, de notre liberté. Cette perception que nous avions de lui remontait à 1899, du temps de l'Empire austro-hongrois, quand Masaryk, alors professeur à l'université, avait ouvertement pris la défense d'un jeune Juif, Leopold Hilsner, accusé de meurtre rituel et condamné à mort. On parlait alors communément de l'« affaire de Polná », du nom de la ville située à proximité du lieu du crime. Selon ses accusateurs, Hilsner avait tué une jeune chrétienne dans le but de recueillir son sang prétendument nécessaire à la préparation de la Pâque juive. Entretenu par les antisémites, ce mythe médiéval de meurtre rituel attisait les sentiments antijuifs, ce qui entraînait des conséquences dévastatrices pour les Juifs tchèques. Mais pour Masaryk, l'accusation selon laquelle les Juifs utilisent du sang chrétien pour leurs rituels constituait une insulte à l'intelligence tchèque. Usant de son influence, il en a donc appelé à la Cour suprême qui a ordonné un nouveau procès. Sans être innocenté, Hilsner a tout de même vu sa sentence commuée en prison à vie, puis finalement, peu de temps avant la naissance de la Tchécoslovaquie indépendante, il a recouvré sa liberté.

La Vérité vaincra, telle était la devise de la Tchécoslovaquie inscrite sur les armoiries nationales. Sous le mandat de Masaryk, tout le monde, y compris les Juifs, pouvait s'exprimer librement sur des sujets politiques, nationaux ou religieux. Je crois que si Hitler n'avait pas détruit la Tchécoslovaquie, ce pays par essence civilisé et laborieux aurait pu être, comme il l'était alors, un modèle pour le monde entier.

Cependant, nombre de Slovaques n'appréciaient guère le régime de Masaryk. Accusant les Tchèques de colonialisme, ils avaient le sentiment de ne pas être traités sur un pied d'égalité, et ce jusque dans leurs organisations sportives : celle des Tchèques, le *Sokol*, rayonnait dans tout le pays, alors que les activités de l'*Orol* se limitaient au territoire slovaque. Partout en Tchécoslovaquie, les Tchèques occupaient tous les postes importants, que ce soit dans l'administration des régions, dans le domaine militaire ou dans le milieu de l'éducation. Devant l'insuffisance de la représentation slovaque au sein des élites dirigeantes, les nationalistes slovaques ont formé des partis politiques destinés à exprimer leur désaccord avec le *statu quo* tchécoslovaque.

Les Hongrois vivant en Slovaquie ne portaient pas non plus le gouvernement Masaryk dans leur cœur. En 1920, le traité de Trianon – qui a consacré la fin de l'Empire austro-hongrois et établi les nouvelles frontières du jeune État tchécoslovaque – a ajouté plus d'un million de personnes de nationalité hongroise aux trois millions de citoyens slovaques de naissance. Cette réduction significative du territoire de la Hongrie a porté un dur coup au gouvernement de Budapest.

Masaryk s'est retiré de la scène politique en 1935. Il est mort le 14 septembre 1937 à l'âge de 87 ans. Je n'oublierai jamais ce jour sombre à l'école. J'avais 13 ans et je pleurais comme si j'avais perdu un proche.

~

Quand j'étais enfant, les Juifs faisaient partie intégrante de la population et nous étions en contact constant avec la moitié non juive de la ville. Nous vivions ensemble dans des quartiers mixtes, nous dépendions de nos voisins et des bonnes relations entre nos communautés. Les jeunes passaient beaucoup de temps ensemble et se rassemblaient rue Masaryk. Nous ne nous querellions jamais pour des raisons religieuses.

La plupart des commerces de la rue Masaryk appartenaient à des Juifs. N'importe qui aurait pu s'en rendre compte puisque les échoppes étaient fermées le jour du Shabbat. Les élèves des écoles primaires et secondaires de premier cycle avaient congé le samedi et le dimanche, même si la semaine de travail s'étalait sur six jours plutôt que cinq. La présence des élèves n'était obligatoire le samedi que dans les écoles secondaires de deuxième cycle.

Il y avait beaucoup de familles tchèques à Humenné, et plusieurs d'entre elles ont aidé à combler la pénurie de maîtres et de professeurs dans les écoles slovaques. Ces enseignants nous initiaient à leur culture et à leur littérature. Nous lisions beaucoup d'ouvrages tchèques, parce qu'il y en avait une bonne réserve, qu'ils étaient bien écrits, que ce soit dans la langue originale ou en traduction, et qu'ils existaient dans tous les genres allant de la biographie à la littérature classique en passant par l'histoire.

Les Juifs étaient satisfaits de la situation en Tchécoslovaquie démocratique, même si les conditions de vie n'étaient pas les mêmes pour tous les membres de la communauté. Ceux des régions occidentales de la République, comme la Bohême et la Moravie, étaient moins nombreux qu'en Slovaquie, plus à l'est. Les Juifs tchèques étaient également moins pratiquants et plus assimilés que les Slovaques. J'imagine que cela résultait d'une série de facteurs. En Bohême, les Allemands constituaient une partie importante de la population et un certain nombre d'entre eux étaient pourvus d'un bon niveau d'éducation. Les Tchèques aussi étaient très instruits, aussi bien en sciences qu'en arts et lettres, et très forts dans les domaines de l'éthique, de la politique et de l'instruction civique. Les Juifs établis dans la région occidentale profitaient de l'éducation de grande qualité qu'on y dispensait, tout comme de sa littérature, de sa musique et de sa technologie, et prenaient activement part à la vie culturelle du pays.

Les Juifs slovaques, en revanche, avaient quelques années de retard sur leur époque. La Slovaquie n'avait pas accès à la richesse des ressources dont disposaient la Bohême et la Moravie. Les centaines d'années d'oppression passées sous l'empire austro-hongrois avaient en effet non seulement freiné les perspectives de développement industriel et économique, mais entraîné une pénurie d'enseignants suffisamment expérimentés.

Je ne pense pas que la vie que nous menions à Humenné ait été exceptionnelle – les choses devaient se passer à peu près de la même façon dans toutes les communautés juives depuis la fin du XVIIIe siècle (le Siècle des Lumières) où les Juifs avaient commencé à se voir octroyer des droits civiques. En 1921, les Juifs bénéficiaient d'un statut légal pratiquement équivalent à ceux des autres communautés. Mais tout cela était sur le point de changer radicalement dans les années à venir.

Héritage familial

À l'*Holocaust Centre* de Toronto, les noms de mes parents sont gravés sur un monument honorant la mémoire des nombreuses victimes de l'Holocauste. Bien qu'ils n'aient pas survécu à la guerre, ils constituent néanmoins une part essentielle de ma trousse de survie et je continue de transmettre l'héritage qu'ils m'ont laissé. Mon père, surtout, a eu une grande influence sur moi. Plus de 60 ans se sont écoulés depuis que je l'ai vu pour la dernière fois, mais il est toujours dans mon cœur et dans mon âme, comme dans ceux de mes enfants, de mes huit petits-enfants et, si Dieu le veut, dans ceux des générations à venir.

Mon père s'appelait Samuel Weinberger. Il était né en 1891, je ne sais exactement où, et il avait 23 ans en 1914 quand il est devenu soldat pour quatre ans. C'était le début de la Première Guerre mondiale et il devait défendre la puissante monarchie austro-hongroise. On l'a envoyé à Udine, en Italie, une ville située au sud de la majestueuse chaîne des Dolomites et au nord-ouest de Venise. Ce devait être un bel endroit où vivre en temps de paix. Mais en temps de guerre, il ne faisait bon vivre nulle part.

Papa n'a pas été formé au maniement des armes ; on lui a plutôt appris à se servir d'un télégraphe. Nous le taquinions, ma mère et moi, en lui disant que c'était à cause de lui que la monarchie avait perdu la guerre. Pour sa part, il était heureux de ne jamais avoir eu à utiliser une arme. Mon père était un être exceptionnel, un homme qui n'avait pas d'ennemis, que beaucoup admiraient pour son cœur généreux et noble. Lorsqu'il marchait dans les rues de Humenné, on le voyait toujours porter respectueusement la main à son chapeau pour saluer les gens. Sa personnalité raffinée et douce créait une atmosphère de bienveillance autour de lui et il avait un effet positif, voire réconfortant, sur autrui. Il était respecté pour son honnêteté et pour sa loyauté à l'égard de nos proches et de nos amis. Dans la famille, tout le monde l'adorait.

J'ignore à quel moment mon père s'est installé à Humenné, mais je sais qu'il y a épousé ma mère, Vilma, en 1921. La famille de ma mère, les Stern, y était établie depuis de nombreuses générations. J'aimais notre ville. J'avais l'impression de connaître tout le monde et que tout le monde me connaissait. Pour moi, Humenné était le centre de l'univers ; je m'y sentais en sécurité et heureuse. Bien que ma famille n'ait jamais eu beaucoup d'argent, mon père – qui était laitier – subvenait à nos besoins. Nous avons traversé la Grande Dépression et l'entre-deux-guerres – la pire époque sur les plans économique et politique –, mais jusqu'à ce que les nazis envahissent le pays, je n'ai jamais manqué de rien.

Comme j'étais fille unique, mes parents me chérissaient plus que tout et peut-être me gâtaient-ils même un peu trop. J'ai connu une enfance heureuse jusqu'à ce qu'on diagnostique chez ma mère une insuffisance cardiaque congestive, qui l'a clouée au lit. J'avais 11 ans à l'époque. Mon père lui a prodigué beaucoup de patience et de tendresse durant les longues et pénibles années de sa maladie.

Ma mère était la cadette d'une famille de sept enfants et, dès avant ma naissance, ses frères et sœurs s'étaient dispersés de par le monde. Son frère Dov et sa sœur Rose avaient immigré aux États-Unis. Tante Rose nous envoyait parfois des cadeaux d'anniversaire que nous partagions toujours avec les membres de notre famille élargie. Malheureusement, elle est décédée en août 1968, un mois avant mon arrivée en Amérique du Nord ; je n'ai donc jamais eu l'occasion de la rencontrer, pas plus que mon oncle Dov. Les deux autres sœurs de Maman, Fanny et Irene, ainsi que son frère David, vivaient à Budapest. Nous les voyions en été, lorsque nous y allions pour les vacances scolaires, ou quand ils nous rendaient visite à Humenné,

Quand ma mère avait 3 ans, l'aînée de la famille, Lina, s'est fiancée avec Jack, un homme originaire des environs de Belgrade, alors partie de l'Empire austro-hongrois et plus tard de la Yougoslavie. Elle m'a raconté un souvenir du mariage qui a eu lieu à Humenné. Tous les invités étaient attablés pour le repas de fête. Ma mère était assise à un bout de la table et les jeunes mariés à l'autre bout. Les plats servis, tout le monde a commencé à manger, sauf ma mère. On lui a alors demandé : « Mais pourquoi ne manges-tu pas, Vilma ? » Haut et fort, pour que tous puissent bien l'entendre, elle a déclaré qu'elle voulait une fourchette en argent aussi brillante que celle dont disposait le jeune marié. On lui en a donné une et tout le monde riait. Ma mère était une belle femme – grande, avec des cheveux brun foncé, des yeux verts et le teint clair. J'imagine que petite fille, elle devait être très mignonne.

Mes tantes et mon oncle de Budapest m'offraient de nombreux cadeaux. Le plus souvent, il s'agissait de tenues pour des occasions spéciales. À Humenné, peu de fillettes pouvaient s'enorgueillir de posséder des robes achetées à Budapest. Je me souviens d'une robe rose à manches courtes, très féminine, assortie d'un manteau à manches longues, que j'ai reçus à 11 ans ; des chaussures blanches, un sac à main, des gants et un chapeau complétaient cet ensemble dont je garde un souvenir attendri. Je le porte d'ailleurs sur l'une des rares photographies que je possède d'avant l'invasion de notre paisible ville par les nazis.

J'ai également de très bons souvenirs des six frères et sœurs de mon père. Je n'ai pas très bien connu sa sœur Ilona, car elle habitait loin, quelque part en Ruthénie subcarpatique, mais ma tante Dorothy et sa famille vivaient à Humenné et nous les voyions souvent. Les trois autres sœurs de mon père s'étaient installées à Budapest au début des années 1920 et nos familles étaient demeurées très proches. La plus âgée, tante Regina, était mariée à Arpad et ils avaient un fils, György.

Tante Ethel avait épousé Andor, un brave homme, tailleur de son état, qui consacrait sa vie à sa famille et réussissait à bien subvenir à ses besoins. Femme charmante et mère responsable, tante Ethel a élevé ses deux fils, Feri et Jozsi, avec beaucoup de tendresse, mais aussi avec de la rigueur. N'ayant pu recevoir suffisamment d'instruction elle-même, ma tante disait toujours : « L'éducation constitue le meilleur des investissements. Personne ne peut vous l'enlever. » Hannah, la plus jeune sœur de mon père, ne s'est jamais mariée. Elle vivait avec tante Ethel et sa famille et a travaillé fort toute sa vie pour joindre les deux bouts.

Je me souviens spécialement du frère de mon père, Tobiash. Il vivait à Strážske, un village situé à proximité de Humenné. Dans les années 1920, il a épousé sa bien-aimée, Rozsi, un mariage qui a déclenché une certaine controverse. La passion remarquable que nourrissait tante Rozsi pour les bijoux avait fait prédire à la famille de mon père que l'union ne durerait pas, malgré tout l'amour que les deux jeunes gens éprouvaient l'un pour l'autre. Rozsi avait déjà beaucoup de beaux bijoux lorsqu'elle s'est mariée, et au fil des ans, oncle Tobiash lui en a offert d'autres chaque fois qu'il l'a pu.

Mon oncle exerçait le métier de maquignon. Il fournissait des chevaux de trait pour les travaux des champs et pour la traction de voitures. Tous les villageois, qu'ils aient été commerçants ou paysans, connaissaient oncle Tobiash, car ils avaient tous besoin d'un cheval un jour ou l'autre. Tous l'avaient entendu raconter l'expérience terrifiante qu'il avait vécue dans sa jeunesse. Tobiash marchait le long de la route près du village lorsqu'il avait entendu un grondement sourd, un mélange de coup de tonnerre et de roulement de canon qui s'amplifiait de seconde en seconde. Portant son regard dans la direction d'où provenait ce son, il avait alors aperçu une boîte noire vrombissante avançant rapidement vers lui. Croyant qu'il s'agissait du diable, il s'était précipité dans le fossé, s'était couvert la tête de ses mains et avait attendu. Au moment où l'engin passait à sa hauteur, il avait jeté un coup d'œil furtif et avait distingué un homme assis dans la boîte. Mon oncle venait de voir une automobile pour la première fois de sa vie !

Une fois par mois, oncle Tobiash allait offrir ses chevaux au marché qui se tenait dans la ville la plus proche de Strážske. Les jours fastes, il rentrait à la maison avec de petits bijoux pour Roszi. Comme le couple n'avait pas eu le bonheur d'avoir des enfants, ces cadeaux étaient une source de joie pour elle. Tout était simple et paisible à cette époque.

Un jour qu'oncle Tobiash se trouvait en ville, un événement tout aussi inattendu que palpitant s'est produit. Au moment où il s'apprêtait à rentrer chez lui, un de ses amis, haut placé au bureau de poste, l'a hélé en s'écriant, à bout de souffle : « J'ai une enveloppe pour toi ; elle vient d'Amérique ! » Mais en la prenant, mon oncle a constaté qu'elle était adressée à M. Tobiash Herman, 50, Michalovce.

« Mon cher ami, a dit oncle Tobiash. Je suis Tobiash Herman *Weinberger.* Je vis bien au numéro 50, mais dans le village de *Strážske* (le village de Strážske se trouvait à l'intérieur des limites de la municipalité de Michalovce).

– Il a simplement oublié d'écrire ton nom de famille, a répliqué son ami.

– Qui est l'expéditeur ? a demandé mon oncle.

– On l'a postée à Détroit, aux États-Unis. »

Le nom de l'expéditeur ne figurait pas sur l'enveloppe, mais la lettre provenait d'une banque américaine. Mon oncle était aussi connu sous le nom de Tobiash Herman ; les deux étaient des traductions de son prénom hébreu, Tovyah. Non sans quelque hésitation, mon oncle a pris l'enveloppe et s'est mis en route. Il était trop préoccupé pour penser à acheter des bijoux ce jour-là.

En examinant la lettre avec Rozsi, oncle Tobiash a découvert qu'un certain Tobiash Herman venait d'hériter d'une somme de 10 000 dollars ! Si cela représente beaucoup d'argent aujourd'hui, c'était une véritable fortune à l'époque ! Le défunt, un dénommé Stephen Herman, avait apparemment rédigé son testament au profit d'un seul bénéficiaire, le Tobiash Herman en question. On demandait à oncle Tobiash de fournir son acte de naissance, le certificat de mariage de ses parents, ainsi qu'une preuve de son lien avec le défunt. Dans le long document, on expliquait en outre qu'en l'absence des certificats requis, une déclaration signée devant témoins pourrait faire l'affaire. Puis il était question des divers frais administratifs et droits de succession.

Oncle Tobiash s'est rendu précipitamment à Humenné et a réuni les membres de sa famille pour savoir si quelqu'un connaissait ce Stephen Herman. Après maintes discussions et quelques hypothèses, force a été de constater que personne ne savait vraiment de qui il s'agissait. Après deux mois de recherche, oncle Tobiash était à bout de nerfs. Ce n'est certes pas tous les jours que la manne tombe du ciel comme ça, mais la situation était sur le point de se transformer en cauchemar. Il commençait même à se demander si ce n'était pas le diable en personne qui lui avait envoyé la lettre.

Au plus profond de lui-même, oncle Tobiash ne croyait pas que cet argent lui était destiné. Le nom Weinberger n'apparaissait nulle part. Oui, il était possible qu'une erreur se soit glissée sur l'enveloppe, mais le nom complet du bénéficiaire aurait sans conteste figuré quelque part dans un document d'une telle importance. Oncle Tobiash a donc décidé de se rendre à la banque locale pour discuter de l'affaire avec des experts.

Une fois mis au courant de la situation, le représentant de la banque a dévisagé mon oncle d'un air incrédule : « M. Weinberger, vous auriez pu être un homme très riche ! » Oncle Tobiash n'a jamais oublié cet épisode. Un jour, il a reçu une enveloppe non affranchie sur laquelle figurait son nom au complet. En l'ouvrant, il a découvert un billet de 10 dollars américains accompagné d'une note manuscrite qui disait, dans un hongrois approximatif : « Chacun obtient ce qu'il mérite. »

Si seulement l'humanité comptait plus de gens comme oncle Tobiash ! Son cœur d'or et sa conscience pure valaient une fortune aux yeux de ceux qui le connaissaient. Mon oncle Tobiash méritait tellement mieux, bien plus encore que les 10 000 dollars sur lesquels il aurait pu mettre la main.

Comme tant d'autres membres de ma famille, oncle Tobiash a quitté ce monde en fumée par les cheminées d'Auschwitz.

Mon père était un homme pieux, et j'ai grandi dans un environnement religieux. Je sais qu'il aurait été heureux de constater que par leur engagement envers le judaïsme, sa fille, ses petits-enfants et même ses arrière-petits-enfants ont suivi ses traces. Cet aspect représente également une part de son héritage et un élément important de ma trousse de survie.

J'avais 6 ans quand j'ai commencé à apprendre les rudiments du judaïsme. En plus des cours habituels, je fréquentais tous les dimanches l'école Beth Jacob, un établissement destiné aux filles où l'on promouvait l'idéologie de l'*Agoudat*, le mouvement le plus religieux de notre ville. On y apprenait que rien n'était plus important que l'étude de la Torah et que seule la Torah devait guider tous les aspects de notre vie. Je me familiarisais avec l'histoire juive, je lisais des récits tirés de la Bible et de la Torah, et j'explorais les complexités de l'hébreu. Mes parents étaient satisfaits de l'enseignement que j'y recevais, mais ils se sentaient plus proches du *Mizrahi*, un mouvement religieux sioniste.

L'*Agoudat* et le *Mizrahi* étaient l'un et l'autre des mouvements politiques religieux orthodoxes, mais ils se distinguaient dans leur approche du judaïsme. Du côté de l'*Agoudat*, on maintenait que le seul mode de vie convenable était de consacrer l'essentiel de son temps à l'étude de la Torah. On rejetait toute influence matérialiste susceptible de s'interposer entre les Juifs et la Torah. Apparemment, cette philosophie imprègne le mouvement encore aujourd'hui, en diaspora comme en Israël. Pour les adeptes du *Mizrahi* de ma jeunesse, un mouvement sioniste, l'étude de la Torah allait de pair avec le travail destiné à bâtir une patrie juive en terre d'Israël. Il s'agissait d'une idéologie pragmatique et, dans ma ville, elle attirait surtout les gens d'âge mûr.

Mon enseignante à l'école Beth Jacob – une grande femme élancée – était la fille d'un rabbin hautement respecté. Elle avait de nombreux frères et sœurs, et la famille, qui habitait la région, avait la réputation d'être très érudite. Ils se concentraient sur l'étude de la Torah et invitaient souvent des intellectuels juifs venus de toute l'Europe centrale. C'était une femme intelligente, qui avait obtenu son diplôme en enseignement du judaïsme à Vienne, d'une école religieuse juive réputée. Après mes deux années à l'école Beth Jacob, j'ai continué d'habiter à Humenné comme elle mais nous ne nous sommes jamais croisées. Je me souviens d'elle comme d'une personne franche, très religieuse et cultivée.

Après la guerre cependant, j'ai découvert avec étonnement que mon enseignante avait produit une tout autre impression sur les personnes qu'elle avait côtoyées à Auschwitz. Envoyée au camp en mars 1942 avec le premier groupe de déportés en partance de Humenné, elle y était devenue une *Blockälteste*, c'est-à-dire chef de baraque, bénéficiant de privilèges spéciaux et dont le rôle consistait à surveiller des centaines de femmes. Elle recevait ses ordres des SS et était responsable de leur application. La plupart de ces directives concernaient des tâches désagréables, mais à défaut d'obtempérer, les *Blockältesten* (hommes et femmes) risquaient leur propre vie, car désobéir équivalait le plus souvent à être exécuté sur-le-champ. Certains *Blockältesten* allaient au-delà de ce que l'on exigeait d'eux, le plus souvent dans l'espoir de sauver des membres de leur famille, voire leur propre peau. Les commentaires qu'il m'a été donné d'entendre à son sujet concernant son attitude à Auschwitz n'avaient rien de flatteur.

Elle a immigré à Toronto après la guerre et, quand j'y suis arrivée moi-même en 1968, elle m'a rendu visite, m'apportant des babioles en cadeaux que j'ai rangées avec d'autres souvenirs. Ses années à Auschwitz avaient peut-être fait ressortir un côté négatif de sa personnalité, mais pour moi, il ne faisait pas de doute que sa profonde ferveur religieuse était demeurée intacte. Heureusement, à l'époque où nous nous sommes revues à Toronto, j'ignorais encore tout de son comportement dans le camp durant la guerre. Je lui ai donc parlé sans réserve – il s'agissait après tout d'une personne liée à ma jeunesse et qui avait survécu aux horreurs de la guerre.

J'avais environ 8 ans quand j'ai quitté l'école Beth Jacob pour devenir membre du *Bené Akiva*, le mouvement de jeunesse du *Mizrahi*.

Ce changement représentait un tournant idéologique dont je ne me rendais pas compte à l'époque, mais chose certaine, cela correspondait davantage aux convictions de ma famille. Je suis restée au *Bené Akiva* pendant deux ou trois ans, et mes parents m'ont encouragée à participer à toutes ses activités. Non seulement cela me plaisait, mais j'apprenais beaucoup. Avec le temps, j'en suis arrivée à adhérer à l'idéologie du travail que prônait le *Mizrahi* et à la trouver admirable.

Quand je repense à mon éducation, je suis frappée par le peu de choses qu'il me reste de l'enseignement que j'ai reçu au sein de l'*Agoudat*. Les convictions de mes parents ont eu une influence plus grande et plus durable sur moi.

Le *Mizrahi* n'était que l'une des nombreuses organisations sionistes alors en existence à Humenné. Certains membres de ces groupes étaient des idéalistes qui espéraient bâtir une patrie juive en Palestine sous mandat britannique. Ces jeunes gens ont quitté Humenné pour la Palestine, renonçant à leur propre confort matériel pour alléger le fardeau financier de leur famille. D'autres encore sont partis parce que la montée du nazisme au début des années 1930 ne présageait rien de bon.

Prélude à la guerre

En 1935, notre vie a été bouleversée par la maladie de ma mère. Elle a subi une opération, puis a passé une année complète dans un hôpital de Budapest. Et outre notre propre situation, celle des Juifs en général, s'est dégradée partout en Europe.

Le danger planait à l'extérieur de notre petit paradis. Nous le sentions tous. La paix avait régné à Humenné durant presque toute la décennie qui avait précédé la guerre – du moins dans mon souvenir. Notre existence tournait autour de la famille et des petits événements qui se déroulaient au sein de nos propres cercles. Comme peu de gens possédaient des postes de radio, les nouvelles importantes nous parvenaient par les haut-parleurs disséminés dans la ville. Mais l'information nous arrivait le plus souvent à retardement et dans des versions contradictoires ou confuses. Notre beau ciel bleu était en train de se couvrir de gros nuages sombres. Nous tentions de ne pas en tenir compte, mais à partir de 1933, il semblait que survenaient régulièrement des incidents qui enflammaient les esprits et provoquaient d'intenses discussions politiques. La nervosité gagnait tout le pays, surtout les Juifs.

Lorsque Hitler a accédé au pouvoir en 1933, nous avons néanmoins fait preuve de mauvais jugement. Nous n'avons jamais soupçonné que le monde était si petit. Par ailleurs, nous n'étions pas vraiment pessimistes : nous savions tous que les Allemands étaient considérés comme l'un des peuples les plus civilisés et les plus intelligents d'Europe.

Jamais nous ne les aurions crus capables de s'abaisser à commettre des actes aussi cruels, criminels et inhumains. Nous comprenions très bien les problèmes qui s'étaient abattus sur eux au lendemain de la Première Guerre, principalement en matière économique, mais nombre de pays connaissaient des difficultés semblables à l'époque.

Puis, en 1936, le déclenchement de la guerre civile en Espagne a attisé les inquiétudes chez beaucoup d'entre nous. Une révolution fasciste en Espagne, soutenue par Hitler ! Rapidement, des unités militaires loyales à la République espagnole ont été formées sous le nom de Brigades internationales. Des milliers de fervents partisans de la démocratie, venus du monde entier, y compris des Amériques, se sont rendus dans le pays pour combattre le fascisme. Ces volontaires nous ont remonté le moral, nous ont permis de garder espoir. Je me rappelle que les Brigades internationales comptaient même des soldats originaires de Humenné.

Barcelone a fini par tomber aux mains des fascistes en 1939 et je n'oublierai jamais à quel point nous avons été anéantis par la nouvelle. J'avais alors 14 ans, et la jeunesse de mon pays comptait toujours sur un miracle pour que soit sauvée l'Espagne. Certains préféraient faire l'autruche. De toute façon, nous avions le sentiment qu'il nous était impossible d'apporter notre aide, en raison de la distance géographique qui nous séparait de l'Espagne. Nous avions espéré que les démocraties du monde s'uniraient pour empêcher l'avènement d'une autre dictature fasciste. À l'évidence, notre connaissance de la situation – en matière de politique, de diplomatie, d'accords internationaux et de pactes militaires – était tout aussi insuffisante qu'irréaliste. Il me semble que notre guerre n'a pas commencé le 1er septembre 1939, au moment où Hitler a envahi la Pologne, mais des années auparavant.

~

Chez nous, la plupart des problèmes que les Juifs commençaient à rencontrer faisaient écho à la situation des Juifs en Allemagne. En mars 1939, après l'invasion de la Tchécoslovaquie par les nazis, une nouvelle Slovaquie indépendante a été créée. En réalité, il s'agissait d'un État fantoche, calqué sur l'Allemagne fasciste de Hitler. La formation politique dirigeante – le Parti populaire slovaque de Hlinka – était structurée de la même façon que le parti nazi. L'État avait sa propre Gestapo, appelée « Garde de Hlinka », et ses membres portaient le même genre d'uniformes noirs. Les jeunes gens surtout ne rataient aucune occasion de revêtir cet habit sinistre pour se pavaner dans les rues en vociférant des slogans antisémites incendiaires. Il était stupéfiant de voir le nombre de nouvelles recrues du Parti de Hlinka, qui grandissait au même rythme que le parti nazi en Allemagne.

Le Parti populaire slovaque avait été fondé en 1913 par un prêtre catholique, l'abbé Andrej Hlinka, et promouvait une idéologie nationaliste et antisémite. Les premières années, ses membres idolâtraient les auteurs classiques slovaques et les leaders religieux qui affichaient ouvertement leur antisémitisme. Certains de ces auteurs dépeignaient les Juifs comme des gens cupides et immoraux, déterminés à s'enrichir aux dépens de la société slovaque et à ruiner la vie du peuple laborieux. Souvent aussi, ils les qualifiaient d'antisociaux dotés d'une nature égoïste et dominatrice. Tous ces propos s'apparentaient grandement à la propagande nazie.

Dans les journaux, on accusait également les Juifs de ne pas reconnaître que les Slovaques formaient une nation à l'égal des nations tchèque et hongroise et l'on insistait sur l'attachement prétendu des Juifs à ces deux cultures plutôt qu'à la culture slovaque. On écrivait que les Juifs étaient avides de pouvoir et se rangeaient toujours du côté du gouvernement en place pour mépriser les opprimés. On les considérait comme des ennemis du nouvel État. L'hostilité envers le peuple juif se manifestait même dans les textes de chansons bien connues. L'hymne de la Garde de Hlinka, par exemple, évoquait un visionnaire du parti fasciste slovaque parcourant le pays en train pour montrer la puissance du parti. Usant d'un langage violent, on y incitait à la haine contre les Juifs en demandant au peuple de « trancher en profondeur jusqu'à ce que le sang coule ».

L'indépendance nouvellement acquise de la nation, un fait sans précédent, a enthousiasmé la plupart des Slovaques. Mais au fil du temps, les difficultés économiques ont commencé à assaillir les Juifs plus que toute autre tranche de la population. Avec l'entrée en vigueur de nouvelles lois antisémites, on nous a graduellement pris nos entreprises, on nous a fermé les portes des écoles et on nous a interdit l'accès à de nombreux lieux publics.

J'avais presque 15 ans quand j'ai été contrainte de quitter l'école. En temps normal, j'aurais poursuivi mes études au niveau secondaire, mais, en 1939, la Deuxième Guerre mondiale a débuté et les mesures antijuives mises en place se sont aggravées. L'école secondaire que j'aurais fréquentée se trouvait dans une ville voisine. Pourtant, ce n'est pas la distance qui a fait obstacle à mon inscription. J'avais trois autres raisons d'importance : ma mère avait besoin de moi à la maison ; nous n'avions pas assez d'argent pour payer les frais de scolarité ; et, à partir de juillet 1939, un *numerus clausus* (ou limitation discriminatoire) a été imposé aux Juifs dans les écoles. Après à peine plus d'un an, ce *numerus clausus* s'est transformé en *numerus nullus*, excluant de ce fait tous les Juifs des établissements d'enseignement. Ce n'est donc qu'après la guerre, alors que j'étais mariée et mère de quatre enfants, que j'ai pu faire mes études secondaires.

Dans les mois qui ont suivi mon départ de l'école, j'ai continué à fréquenter des jeunes gens de mon âge ou un peu plus âgés, d'anciens camarades de classe pour la plupart. Tout indiquait qu'un avenir sombre nous attendait. L'année suivante, à l'automne 1940, les restrictions à notre encontre se sont multipliées : les Juifs n'avaient plus le droit de posséder ni propriétés, ni bijoux, ni même un poste de radio, et l'accès au marché leur était désormais interdit. Petit à petit, on nous a privés de tout moyen de subsistance. Puis en septembre 1941, la Slovaquie a promulgué le Code juif, inspiré des Lois de Nuremberg, et on nous a obligés à porter un brassard jaune et des étoiles de David bien en évidence sur nos vêtements.

La situation mettait mes nerfs à rude épreuve, mais je tentais néanmoins de profiter au mieux de la vie. Je réussissais même parfois à gagner un peu d'argent en effectuant de menus travaux dans des magasins ou chez des voisins. Je brûlais d'employer ma créativité, une soif qui demeurait inassouvie. À l'époque, beaucoup de mes amis et moi étions attirés par le *Hashomer Hatzaïr*, un mouvement de jeunesse sioniste d'inspiration socialiste qui nous apparaissait tout aussi réaliste que pertinent dans le monde qui était maintenant le nôtre. Nous avions le sentiment que le sionisme nous aiderait à survivre. Jamais le *Hashomer Hatzaïr* n'a vu son effectif augmenter autant qu'en 1939. L'organisation promouvait l'émigration en Palestine sous mandat britannique et mettait l'accent sur la mise en forme physique, ainsi que sur la formation dans le domaine agricole pour préparer ceux qui réussiraient à s'y rendre afin de travailler la terre.

Tous les membres du *Hashomer Hatzaïr* que je connaissais étaient très instruits et expérimentés; je les admirais énormément. Il est possible, bien sûr, que je les aie perçus ainsi parce qu'ils étaient plus âgés que moi. Ils savaient expliquer les choses selon divers points de vue – historique, sociologique et économique. Je trouvais l'atmosphère stimulante, et leurs discussions sur le monde qui nous entourait étaient intelligentes tout en restant mesurées. Nous formions de bons groupes de travail et avons tissé des liens d'amitié à vie. Certains de nos membres sont partis en Palestine au tout dernier moment. Je n'ai maintenu le contact qu'avec ceux qui sont restés sur place.

Je me souviens avec tristesse de l'un de mes nombreux amis du groupe, Ernie, qui malheureusement n'a pu ni se rendre en Palestine ni même survivre à la guerre. Ardent sioniste et membre de longue date du *Hashomer Hatzaïr*, il avait convaincu bon nombre d'entre nous de participer au programme de *hakhsharah* (préparation), qui avait pour but de former les jeunes pionniers à leur rôle de dirigeants et de les éduquer en vue de la vie difficile qui les attendait. La plupart des adhérents à ce programme ont fait l'*Aliyah* – c'est-à-dire qu'ils ont émigré en terre d'Israël –, mais Ernie n'y est pas parvenu. Il a quitté la ville avec son père, et après le vain soulèvement national slovaque mené contre les fascistes en 1944, il a été retrouvé mort de froid dans la forêt.

~

Durant les années idylliques d'avant-guerre, je me suis liée d'amitié avec une jeune fille du nom d'Eva. J'avais l'impression que nous avions été amies toute notre adolescence, mais je me rends compte aujourd'hui avec étonnement, quand je me penche sur cette époque, que nous ne nous sommes fréquentées que durant trois ans.

Je connaissais la famille d'Eva bien avant que nous ne devenions proches. Son père, natif de Humenné, s'était taillé une réputation de brillant avocat qui s'étendait bien au-delà de notre ville. Et par son charme et ses manières raffinées, sa mère, originaire de Hongrie, rehaussait encore le statut de la famille. Eva disait que son frère aîné avait hérité de toute la beauté de ses parents, alors qu'elle n'avait reçu que leurs traits les moins attirants. Mais ce n'était pas tout à fait vrai. Elle captait tous les regards avec ses longs cheveux blonds et ondulés qui illuminaient son visage comme le faisaient ses lèvres joliment dessinées. Grande, sûre d'elle et élégante, Eva allait faire ses courses sous l'œil attentif de son berger allemand. Je la revois encore se promener tranquillement dans les rues, son chien de race toujours à ses côtés.

La famille d'Eva appartenait à cette élite professionnelle juive de Humenné dont j'ai parlé précédemment et qui se démarquait du reste de leur communauté. Leur cercle restreint et plutôt fermé comptait quelques familles juives et non juives fortunées qui jouissaient d'un statut social privilégié.

J'avais rencontré Eva grâce à des amies communes. Elle était très gentille et je me souviens qu'un jour elle avait invité certaines d'entre nous chez elle. La famille habitait une grande villa blanche avec trois entrées et située à un carrefour. Au-delà des grilles en fer forgé, on pouvait apercevoir un jardin rempli d'arbres fruitiers. Nous n'avons jamais été invitées à visiter toute la maison, mais nous avons pu voir la cuisine dernier cri et la chambre d'Eva. Ce jour-là, deux autres filles et moi avons passé l'après-midi avec Eva dans sa chambre. Elle était décorée de quatre sièges recouverts d'un tissu brodé de couleur blanche et d'un piano blanc. Sa mère nous a servi du chocolat chaud, des pâtisseries maison et des glaces. Nous avons passé une très belle après-midi dans ce cadre charmant.

À un certain moment, nous avons été surprises par l'arrivée du père d'Eva, venu nous faire un brin de conversation. Il nous a regardées, puis a voulu savoir qui nous étions et d'où nous venions. À vrai dire, il se demandait quel était notre statut social. Se tournant vers l'une d'entre nous, il a dit : « Je te connais. » La famille de cette jeune fille appartenait également à la haute société, mais bien que les deux familles se soient fréquentées à l'occasion, celle d'Eva se trouvait un cran au-dessus dans l'échelle sociale. Le père d'Eva a semblé approuver sa présence. Il s'est ensuite adressé à l'autre fille, Annie, en lui demandant qui elle était. Elle s'est nommée, ajoutant fièrement : « Mon père est notaire. Comme nous nous sommes installés ici il y a à peine deux ans, vous ne nous connaissez peut-être pas. » Après un instant de réflexion, il a répondu : « Je connais très bien tes parents. Je les ai rencontrés récemment. Profite bien de ton après-midi chez nous. » Je n'y voyais qu'un geste de politesse car j'étais convaincue que le père n'avait jamais croisé ses parents.

Puis mon tour est venu. « Et comment t'appelles-tu ? », m'a-t-il demandé. Je ne voulais pas lui dire que mon père n'était pas né dans la ville. De toute façon, il était peu probable que le père d'Eva connaisse le mien. Nous vendions du lait et des produits laitiers chez eux, mais il aurait été malvenu de lui en parler ; j'étais certaine que les achats de provisions ne faisaient pas partie de ses tâches. Je me suis mise à réfléchir à toute vitesse : je souhaitais bien sûr montrer ma famille sous son meilleur jour. J'ai donc parlé de ma mère qui, elle, était native de Humenné. Je lui ai fait part de son nom de jeune fille, pensant qu'il aurait peut-être entendu parler d'elle, soit parce qu'il était né lui aussi à Humenné, soit en raison de sa maladie. Le père d'Eva m'a alors répondu : « Tu es la fille de Vilma Stern ? Elle est reconnue pour son sens de la propreté ! » Je me suis sentie soulagée d'un poids. J'étais admise ! La propreté de ma mère m'avait apparemment ouvert les portes de la « haute société ». Mais peut-être aussi que le père d'Eva avait seulement souhaité être poli, comme il l'avait été envers Annie. En repensant à cet épisode aujourd'hui, je vois bien que tout cela était un peu absurde et sorti tout droit d'un siècle révolu.

~

J'ai entendu dire que les Juifs ne sont solidaires que lorsque l'antisémitisme fait rage. Cela m'attriste, mais à l'époque, c'était vrai. Pour les antisémites slovaques et nazis, nous étions tous de méchants Juifs, des ennemis de l'humanité. Quand il est devenu évident que les fascistes ne faisaient aucune différence entre les classes socioéconomiques, ces distinctions de statut qui nous avaient été familières ont cessé de compter. La vie que nous avions tous connue appartenait désormais au passé.

Les dénonciations et, par conséquent, les *razzias* – les rafles – perpétrées dans les maisons juives ont affecté les familles comme celle d'Eva plus tôt que les autres : la Garde de Hlinka les a ciblées dès le début. La rumeur voulait que les parents de mon amie aient été harcelés, voire attaqués physiquement. Certains croyaient que les fascistes avaient été particulièrement durs envers le père d'Eva parce qu'il était avocat. Leur but était d'empoisonner la vie des Juifs – surtout celle des nantis et des privilégiés – et de s'emparer de leurs biens.

Eva a cessé de marcher fièrement dans les rues en compagnie de son beau chien adoré. Un jour, au début de 1942, j'ai ouvert la porte de chez moi pour la trouver sur le seuil, une valise à la main. Elle venait nous demander d'en cacher le contenu : au moins 20 paires de chaussures flambant neuves. Nous avons accepté. Un autre jour, elle s'est présentée avec une douzaine de nappes, puis une autre fois, avec d'autres articles de maison. Nous avons tout rangé dans l'armoire de ma mère. Mais ni eux ni nous n'avons jamais plus eu l'occasion de nous servir de ces biens.

Le printemps 1942 a marqué le début de la période la plus difficile que les Juifs de notre ville aient connue. C'est notamment à Humenné et dans ses villes environnantes qu'ont commencé les premières déportations de Juifs slovaques vers les camps de la mort, et les collaborateurs locaux sont devenus tristement célèbres pour y avoir joué un rôle prépondérant. Le premier transport organisé par les nazis devait avoir lieu le 25 mars et ciblait les femmes célibataires. Nous ne pouvions que formuler des hypothèses quant à notre destination – les noms d'Auschwitz et des autres camps en Pologne nous étaient encore inconnus à l'époque. La rumeur voulait qu'on s'apprête à nous envoyer fabriquer des bottes militaires dans une usine de chaussures de Bat'ovany, une ville qui se trouvait à deux heures à peine de Humenné. Nous voulions y croire.

Une semaine avant la date du départ, vers la mi-mars, Eva et moi avons discuté de la situation. Je lui ai dit que j'espérais être dispensée en raison de l'état de santé de ma mère. De son côté, Eva avait le sentiment que sa mère ne survivrait pas à son absence, mais elle n'avait pas l'intention de se cacher, car elle redoutait encore davantage que ses parents soient tués si elle ne se soumettait pas aux ordres.

Je savais qu'il fallait à tout prix que j'échappe à ce transport. Étant enfant unique, j'étais convaincue que mes parents en mourraient. Non seulement ils craindraient pour ma vie, mais ma mère étant gravement malade, mon père et moi nous relayions auprès d'elle. Le rôle que ma mère a joué dans ma survie tient du paradoxe. Elle disait souvent : « Je vous ai sauvé la vie ! » – pour une fois, il semble que cela ait été effectivement le cas. Nous occuper d'elle constituait une priorité, et cette attitude a sans conteste influé sur la manière dont nous nous sommes comportés devant diverses situations. J'imagine que les circonstances inhabituelles engendrent des réponses inhabituelles.

Quand toutes les femmes célibataires de 16 ans et plus ont été convoquées au quartier général de la police, je m'y suis rendue avec elles. Mais à la différence des autres, je n'avais emmené aucun effet personnel. J'étais prête à faire tout ce qui était nécessaire pour demeurer chez moi, auprès de ma mère. Quelle naïveté ! Seule une poignée de femmes ne se sont pas présentées ce jour-là : elles avaient compris dès le départ qu'il fallait se cacher.

Dans la vaste cour du poste de police étaient rassemblées près de 350 jeunes femmes. J'ai passé la journée à expliquer ma situation familiale, à supplier et à pleurer. Du petit matin jusqu'à la tombée de la nuit, j'ai tenté sans relâche de faire appel à leur cœur et à leur conscience, de leur demander de faire preuve de compassion, de ne pas oublier les valeurs humaines et chrétiennes. Je n'étais pas seule : il y avait là une autre femme qui suppliait qu'on ait pitié d'elle.

À la fin de la journée, les policiers ont compté les femmes rassemblées : leur quota était atteint. Nous n'étions que des numéros pour eux, mais pour nous, chacun de ces numéros représentait une vie humaine. Comme l'autre femme et moi ne leur étions plus nécessaires, ils nous ont laissées partir. Les autres ont été déportées le soir même et nous avons vite appris où on les avait conduites. Le premier transport des femmes célibataires en partance de Slovaquie s'est dirigé tout droit vers Auschwitz. Les femmes de Humenné ont figuré parmi les premières *Häftlinge* (détenues) juives du camp. Très peu d'entre elles ont survécu à la guerre.

Ce jour-là, mon amie Eva a été de celles qui ont suivi les ordres donnés, pensant qu'elle ne pouvait faire autrement. J'ai entendu dire qu'on avait fait mettre les jeunes femmes en rangs par dix et que lorsqu'elles étaient passées devant la maison d'Eva, sa mère s'était précipitée vers elle, s'agenouillant devant un policier pour le supplier qu'on lui rende sa fille. Ce dernier lui avait alors assené un coup de pied qui l'avait laissée dans le coma et elle était morte une semaine plus tard. Quant à mon amie Eva, elle a figuré parmi les premières victimes d'Auschwitz.

S'il nous était impossible à l'époque de déterminer exactement quel sort attendait ces femmes, je pressentais, comme nombre d'entre nous, la souffrance et la violence qu'elles allaient subir. Au regard de la situation, il n'est guère étonnant que j'aie ressenti un vide profond et douloureux. Je n'avais que 17 ans et je me retrouvais dans une ville où l'on venait de rafler tant de mes amies.

Comment décrire l'immense soulagement qu'ont éprouvé mes parents lorsque je suis rentrée à la maison ce soir-là ? Nos voisins ont partagé notre joie en nous apportant des fleurs et des paniers de fruits. Belle conclusion pour une journée si horrible ! Imaginez deux jeunes femmes suppliant qu'on épargne leur vie et celles de leurs parents et qui se voient subitement accorder un sursis alors que leur situation semblait désespérée. Je me demande si l'on m'a fait grâce parce que mon cas différait vraiment de celui des autres ou s'il s'est agi essentiellement d'un miracle. À chaque transport, ceux d'entre nous qui avaient été épargnés avaient l'impression qu'une partie de leur âme périssait en même temps que leurs amis et proches qui n'avaient pu y échapper.

Je revis sans cesse cette période. Il suffit de peu, d'un simple problème pratique par exemple, comme lorsqu'on ne pouvait trouver l'acte de naissance slovaque de mon père, pour que tout cela revienne me hanter. Deux guerres mondiales en un siècle ont fait des ravages sur bien des plans dans notre région du globe ; un nombre incalculable de vies humaines ont été anéanties.

En quête d'un refuge

Après ce premier transport de 1942, j'allais me cacher périodiquement pour échapper aux *razzias*. Un jour que nous pouvions rester à la maison sans crainte, deux de mes amis du *Hashomer Hatzaïr* m'ont invitée à rencontrer les membres d'une de leurs « cellules ». J'avais entendu parler de ces cellules. Constituées habituellement de quatre personnes tout au plus, elles représentaient une sorte de banc d'essai destiné aux jeunes gens qui, ayant atteint 18 ans et prouvé leur loyauté, pouvaient devenir membres d'un mouvement de résistance clandestin, une entreprise dangereuse mais valeureuse. Cette forme de résistance présentait un risque, notamment parce qu'à l'époque, il était illégal de faire partie de tout groupe à tendance socialiste.

J'ai accepté sans trop réfléchir et l'on m'a assigné une mission. Je devais me rendre rue Masaryk dans une boutique spécialisée en matériel électrique, où le propriétaire me remettrait une somme d'argent. J'ai retiré mon brassard jaune et me suis mise en route. Une fois sur place, j'ai discrètement transmis mon mot de passe au commerçant qui se trouvait derrière le comptoir, puis je lui ai demandé un montant donné, conformément aux instructions que j'avais reçues. Je n'aurais jamais cru possible que cet homme puisse être membre de la résistance. Peut-être pensait-il la même chose de moi. Bien que nous nous connaissions, notre échange s'est limité au texte prescrit ; aucun autre mot n'a été prononcé. Il m'a donné l'argent, je l'ai pris et je suis partie.

Je devais ensuite utiliser cette somme pour acheter de la nourriture. Je me suis rendue à une charcuterie, puis à une boulangerie, sans aucun problème. Tout se déroulait rondement, mais mon cœur battait la chamade. Et si j'étais arrêtée ? Et si c'était un piège ? Qui étaient ces gens à qui je devais livrer la marchandise ? Mais la règle voulait qu'on ne pose pas de questions ; j'ai donc gardé mes interrogations pour moi.

J'avais pour destination finale l'église grecque orthodoxe située sur la rue Lipová, celle même où j'habitais à l'époque. J'ai sonné deux fois comme prévu. Le grand portail en fer a fini par s'ouvrir et j'ai pénétré dans la cour. La porte d'entrée, à une vingtaine de pas du portail, m'a parue éloignée de 20 kilomètres. Après les deux brefs coups de sonnette convenus, les lourdes portes en bois se sont entrebâillées. J'ai alors prononcé mon mot de passe, et on m'a dit de laisser le panier de nourriture sur le pas de la porte et de partir, ce que je me suis empressée de faire. Ma mission terminée, je me suis sentie revigorée : j'avais l'impression d'avoir accompli quelque chose d'important, d'être le maillon d'une chaîne d'actions déterminantes. Je n'ai jamais parlé de cet épisode à mes parents.

Une semaine plus tard, les deux amis qui m'avaient recrutée m'ont remerciée pour mon excellent travail. C'est alors que j'ai découvert à quel point j'avais eu de la chance. Toute l'opération avait été éventée le lendemain même de ma mission. La police avait fait une descente et tous ceux qui s'étaient dissimulés dans l'église avaient été emmenés vers une destination inconnue. Les activités de la cellule ont cessé. Mes deux amis ont également échappé à la rafle. Peu après, ils ont pris la fuite pour se cacher et combattre auprès des partisans dans les Carpates.

Pour raconter ce qu'il est advenu de l'un d'eux, Jan, je dois sauter quelques années et passer à septembre 1945. La guerre était finie depuis plus de trois mois et je vivais alors avec mon mari, Arthur, à Bratislava. Nous étions en train de nous installer et j'avais décidé de retourner à Humenné afin d'y récupérer des biens qui avaient appartenu à mon père. À cette époque, il fallait compter plus de deux jours de train pour effectuer le voyage d'environ 450 kilomètres, et nous devions faire une escale prolongée à Košice. En me promenant dans les rues de la ville pour passer le temps, je suis tombée par hasard sur de vieilles connaissances qui m'ont raconté que Jan se trouvait dans une prison de Košice. Il y était détenu depuis deux mois, en attente d'une audition. Après avoir perdu toute sa famille, s'être battu contre les fascistes en tant que partisan et avoir survécu à la guerre, Jan se retrouvait maintenant dans une prison slovaque. Cette nouvelle m'a mise en colère, et aucun raisonnement logique n'aurait pu m'empêcher de partir à la recherche de son lieu de détention.

Jan avait été accusé d'avoir participé à l'assassinat d'un policier alors qu'il prenait part au soulèvement national slovaque. Il niait ces allégations et rongeait son frein en prison. Sur un coup de tête, j'ai demandé une audience avec le procureur et, fait étonnant, j'ai pu le rencontrer une heure plus tard. J'ai fait valoir mes arguments avec passion, la voix tremblante, soulignant avec insistance que Jan avait été faussement accusé et qu'il devait être entendu dans les plus brefs délais. Le procureur a cru que mon ami et moi étions amants. Je lui ai expliqué que notre amitié se nourrissait d'autre chose, qu'elle était née d'une solidarité issue d'une philosophie partagée dans des circonstances tout aussi horribles que désespérées. Je priais pour que le procureur me croie. Ma certitude quant à l'innocence de Jan a dû être convaincante, car le procureur m'a promis que Jan serait entendu dès le lendemain.

À ce moment-là, il ne me restait plus que 30 minutes pour attraper mon train. J'ai couru en direction de la gare, mes pieds touchant à peine le sol, ragaillardie par la promesse qu'on m'avait faite. Une promesse qui s'est heureusement concrétisée. Jan a été innocenté. Il a survécu à ce dernier obstacle laissé par la guerre et est parti s'installer à Prague. Nous sommes demeurés amis depuis ce jour.

Au cours de l'abominable été 1942, nous avons entendu dire que de nouveaux transports se préparaient. Effrayés à juste titre par ces rumeurs, mes parents ne voulaient pas que je reste à la maison. Eux-mêmes ne pouvaient se cacher à cause de la maladie de ma mère. Or, pour une raison que j'ignore, ils n'ont miraculeusement pas été déportés. Pourtant, à Humenné, on avait déjà emmené des personnes alitées, en fauteuil roulant ou souffrant d'un handicap. Mais pas ma mère. La rue Masaryk fourmillait d'inconnus en uniforme. Tout nouvel individu qui faisait son apparition dans la rue principale représentait un danger. Nous savions désormais que les responsables des transports envoyaient les membres de la Garde de Hlinka dans des lieux qui ne leur étaient pas familiers, car ils craignaient qu'ils ne se montrent trop compatissants envers les Juifs de leur propre ville.

Durant ces mois d'agitation, je suis allée de cachette en cachette. Je me demande encore comment j'ai fait pour endurer certains de ces endroits, tant les conditions étaient mauvaises. Dire que traverser pareilles épreuves m'a profondément affectée serait un euphémisme : c'était cauchemardesque !

Parmi ces cachettes immondes, il y a eu le vide sanitaire sous la maison d'une famille de notre connaissance. J'y suis restée environ deux semaines, ne pouvant rien faire d'autre que de m'asseoir ou de m'étendre dans la même position des heures durant. Le soir, je sortais pour satisfaire mes besoins et me dégourdir les jambes, mais je devais ensuite regagner ma prison. J'ai également séjourné une semaine dans un grenier. Il y faisait une chaleur tellement suffocante que j'ai perdu plusieurs fois connaissance. Malgré tout, chaque jour passé à l'abri était une journée de plus arrachée à la mort, une journée qui nous rapprochait de la fin de la guerre. N'ai-je pas mentionné plus tôt que j'avais été une enfant gâtée ? L'époque où je me faisais dorloter était bel et bien révolue.

Mme Rokov, une de nos anciennes voisines de la rue Masaryk, était restée très attachée à notre famille. Elle a proposé que j'aille me cacher dans sa cave à vin pendant une brève période. Chose certaine, personne ne viendrait me chercher là. Elle habitait une très vieille maison en pierre et en brique qui avait résisté à maintes catastrophes d'origine tant naturelle qu'humaine. Dans la cave à vin cependant, j'ai trouvé tout ce qui m'effrayait et me rebutait le plus. Elle était obscure car enfouie sous terre et il y faisait humide et froid. Mais pire encore, j'ai vite découvert que je partageais mon abri avec des souris. J'ai peur des rongeurs. Encore aujourd'hui, la vue d'une souris me fait hurler et sauter d'un bond sur une table ou une chaise. Je grimperais aux murs si je le pouvais. Je ne peux même pas regarder un simple hamster et je détourne les yeux de la télévision dès qu'un rongeur y apparaît. J'ai été comme cela toute ma vie, alors on peut très bien imaginer à quel point mon séjour dans cette cave à vin a été insupportable. Mais je n'avais pas d'autre choix que de me réfugier dans ce lieu infesté de rongeurs.

Je disposais de nourriture, d'une petite table ronde, d'une chaise confortable et d'un faible éclairage, mais ce sous-sol demeurait néanmoins froid et terrifiant. Chaque fois que je déverrouillais la porte et que j'allumais, j'attendais un peu, le temps que les souris regagnent leurs trous. Je n'entrais qu'après. Mais je pouvais encore sentir leur présence et j'entendais leurs petits cris. Parfois, je les apercevais allant d'un trou à l'autre. Je braquais alors ma lampe de poche sur elles pour tenter de les empêcher de courir partout en émettant leurs petits couinements. Il semble bien que les souris passent leur temps à se reproduire, car je voyais toujours des souriceaux, jusqu'à dix par nid parfois ! Malgré ces conditions difficiles, je considérais tout de même que j'avais de la chance : il n'y avait pas de rats… Je ne pouvais supporter l'endroit plus de deux ou trois jours d'affilée, et pourtant je m'y suis cachée périodiquement pendant près de trois semaines. Il n'est pas étonnant que j'aie souffert d'une forme grave de claustrophobie par la suite.

Amie de longue date, Mme Rokov se désolait de voir ma mère si malade. Les Rokov, une famille nantie, possédaient des propriétés dans la campagne environnante. Ils avaient deux enfants, une fille un peu plus âgée que moi et un fils plus jeune. C'était des parents conservateurs, qui élevaient leurs enfants dans le respect de la religion et de la tradition. Ces derniers fréquentaient la seule école catholique de Humenné. Avant la guerre, le couple avait été complètement apolitique – les parents se concentraient sur leur famille et leurs activités professionnelles. Tant que leurs affaires prospéraient, ils ne semblaient pas se préoccuper de ce qui se passait ailleurs dans le monde.

Comme c'est souvent le cas, bien qu'ils aient reçu la même éducation, les deux enfants Rokov ont fini par choisir des voies différentes. La jeune fille, une personne aimable, avait moins d'ambition que ses parents. On lui a présenté un jeune avocat fraîchement diplômé, originaire d'un village voisin. Les deux familles ont approuvé leur relation et donné leur bénédiction à leurs projets d'avenir. Pour ce jeune homme ambitieux, cependant, il semblait avantageux de s'engager dans le Parti populaire slovaque de Hlinka pour obtenir un poste important. Pourtant ni lui ni sa jeune épouse ne s'étaient vraiment intéressés à la politique auparavant, mais ce revirement d'attitude était chose courante à l'époque. Finalement, le jeune couple s'est installé à Bratislava, parce qu'on y trouvait de meilleurs emplois. Je les ai perdus de vue pendant la guerre, mais je les ai revus plus tard dans la capitale.

Le fils de Mme Rokov, quant à lui, vivait toujours chez ses parents quand il a commencé à fréquenter le mouvement de jeunesse du Parti populaire slovaque. J'ignore comment les Rokov ont eu le courage de me cacher chez eux, alors qu'un membre de leur propre famille portait l'uniforme noir de la Garde de Hlinka. Le fils Rokov me faisait encore plus peur que les souris de mon refuge. Mais comme il n'avait aucun penchant pour l'alcool, il n'avait heureusement pas de raison de descendre à la cave à vin. Au grand chagrin de ses parents, ses champs d'intérêt se situaient à l'extérieur du foyer familial et il passait donc très peu de temps à la maison.

Bien sûr, mes parents vouaient une immense gratitude à la famille Rokov et priaient pour eux. Ces gens s'exposaient à un grand danger pour nous ! Ni la fille ni le garçon n'ont jamais su que je me cachais dans leur cave. Leurs parents devaient faire preuve d'une grande prudence : quiconque était pris à aider les Juifs se voyait qualifier de « Juif blanc », ce qui non seulement entachait leur réputation, mais mettait leur sécurité en péril.

~

En juillet 1942, ma tante Dorothy, son mari et leurs deux jeunes enfants, Erwin et Kati, ont été déportés de Humenné à Auschwitz. J'en ai fait des cauchemars durant des années, me réveillant souvent en sueur, le souffle court, le cœur battant à tout rompre. Je sortais de ces mauvais rêves affaiblie et tremblante.

Au plus fort des déportations, ma tante était venue demander à mes parents de les recueillir chez nous, elle et sa famille. J'ai ressassé pendant longtemps les conséquences de la terrible décision que mon père a dû prendre, celle de protéger la vie de sa femme et de sa fille avant celle de sa sœur et de sa famille. Ce n'était pas moi qui avais dû trancher, mais dans mes rêves, cette décision venait hanter ma conscience et m'accabler corps et âme. À l'époque, je n'arrivais pas à comprendre ma tante car, en réalité, nous étions tout aussi vulnérables qu'elle et sa famille. Nous étions dans le même bateau, nous risquions tous de sombrer. Comment un innocent condamné à mort pouvait-il aider à sauver la vie d'un autre innocent destiné à connaître le même sort ?

Nous habitions alors rue Lipová, où nous avions déménagé en 1934, et il n'y avait nulle part où se cacher dans notre petit logement. Nous vivions désormais dans une seule pièce, avec une salle de bain et une cuisine attenantes. Nous étions trois adultes, dont ma mère, constamment malade et alitée. Comment ma tante pouvait-elle espérer trouver refuge auprès d'une famille aussi démunie que la nôtre ? Encore aujourd'hui, je repense régulièrement à cela. Pourquoi n'ai-je toujours pas la conscience tranquille ?

Dans mes cauchemars, bébé Erwin m'apparaissait plus grand que les enfants de son âge. En réalité, il n'avait que 3 ans et était toujours bien mis, avec sa chemise blanche impeccable et ses chaussures noires rutilantes. Ses beaux cheveux bruns et ondulés lui donnaient un air presque féminin. Mais dans mes rêves, Erwin n'aimait pas les filles – en réalité, il n'affectionnait pas du tout les autres enfants. Je le voyais jouer seul avec une poupée aux yeux bleus et aux cheveux bruns comme les siens, tandis que les autres garçons riaient de lui. Dans ces rêves, j'étais l'une de ses enseignantes. Lors de nos promenades dans les bois avec les autres enfants, Erwin semblait devenir progressivement différent. Il gambadait et riait tout en s'éloignant de nous pour s'enfoncer dans la forêt. Je devais toujours partir à sa recherche. Parfois, je me sentais terriblement frustrée quand il disparaissait. Je courais après lui, sans jamais parvenir à le retrouver. Je pénétrais de plus en plus profondément dans les bois. Malgré tout, Erwin demeurait introuvable. On aurait dit qu'il se volatilisait. Dans l'un de ces rêves, j'achevais ma course dans des buissons épineux. Je saignais, j'étais en sueur, mais finalement quelqu'un, j'ignore qui, m'aidait à me relever, puis en revenant au terrain de jeu, je voyais Erwin qui était là, à jouer tranquillement avec sa poupée.

En réalité, j'ai eu très peu l'occasion de m'occuper d'Erwin au cours de sa courte vie. Il en va de même pour sa petite sœur, Kati, qui n'avait qu'un an la dernière fois que je l'ai vue. Elle avait les mêmes yeux bleus que ceux de ma tante. Dans mes rêves, Kati apparaissait parfois, marchant aux côtés de sa mère : une petite fille heureuse qui tenait la main de sa maman. Je l'observais attentivement, souhaitant la connaître. Je les appelais, pleurais, criais leurs noms de toutes mes forces. Mais elles ne m'entendaient jamais. J'avais beau m'élancer vers elles, il y avait toujours quelque chose dans l'herbe pour entraver mes efforts. Dans l'un de ces rêves, mes parents étaient venus me voir à mon terrain de jeu imaginaire. Nous étions tous assis, jouant avec les écoliers et profitant de l'air frais quand soudain, ma tante, mon oncle et leurs deux enfants sont apparus et ont commencé à marcher lentement vers nous, revêtus des mêmes tenues d'été qu'ils portaient la dernière fois que je les avais vus. Parfois, dans mes rêves, mes cousins grandissaient à vue d'œil. Je criais alors : « Arrêtez ! Ça suffit ! Cessez de grandir ! » Je craignais, s'ils ne devenaient trop grands, qu'ils ne me bouchent la vue, me privant de lumière.

Je comprenais bien qu'en leur fournissant un abri, c'est notre propre situation précaire que nous aurions mise en péril. Et je crois que ma tante a eu tort de vouloir se cacher chez nous. Mon père était un frère, un mari et un père dévoués, et normalement, il aurait offert d'aider quiconque avait besoin de lui. Mais dans ce cas, il avait le sentiment qu'il n'avait pas le choix. Ma tante n'avait pas les idées claires. Ne sachant plus quoi faire, elle avait demandé à son frère de compromettre la sécurité de sa famille à lui. Acculé au désespoir, il avait dû refuser. À l'époque, je pouvais déjà justifier la position de mon père avec toute une série d'arguments qui défendaient son choix.

Mes rêves à propos d'Erwin et de Kati ont fini par s'apaiser. Ces cauchemars reflétaient le sentiment douloureux que j'éprouvais d'avoir survécu à mes proches. Il semblerait que maintenant, j'aie survécu aussi à mes cauchemars.

~

Durant le reste de l'été 1942, l'État slovaque a continué de remplir les quotas de déportations imposés par les nazis. Nous nous trouvions dans un état d'angoisse perpétuelle à l'idée que la Garde de Hlinka puisse faire irruption chez nous à tout moment. La communauté juive s'organisait maintenant autour des membres du *Judenrat* (Conseil juif), nos représentants. Nous les considérions comme une sorte de pont nous séparant de l'ennemi, mais servant également de lien avec les bourreaux. Je crois que les membres du *Judenrat* ont fait de leur mieux pour étendre leurs pouvoirs limités. Souvent, ce sont leurs propres familles qui en ont bénéficié le plus, mais nous pouvions au moins nous adresser à eux quand nous en avions besoin.

L'argent menait le monde plus que jamais à cette époque : on pouvait acheter sa survie si l'on savait à qui s'adresser. Ceux qui en avaient les moyens payaient en espèces, en propriétés ou en objets de valeur. Ils donnaient tout pour sauvegarder ce qu'ils avaient de plus précieux : leur famille. Or, mes parents n'avaient ni l'argent ni les relations nécessaires. Nous n'avions donc rien à offrir pour sauver notre peau.

Certains Juifs nantis bénéficiaient d'une « exemption présidentielle » qui les protégeait contre la déportation. L'État accordait ce privilège à ceux qu'il considérait comme économiquement importants pour le pays en raison de leur profession ou du type d'entreprise qu'ils possédaient. Quand les Juifs ont perdu le droit de propriété sur leurs entreprises, des Slovaques aryens appelés *Arizátors* sont arrivés pour s'approprier la moitié ou plus des parts. Dans la majorité des cas, les *Arizátors* ont fini par prendre le contrôle des entreprises, et quand ils n'ont plus eu besoin des anciens propriétaires juifs, les exemptions ont perdu leur raison d'être.

Certaines institutions ont tenté de nous protéger. La Slovaquie était dirigée par des catholiques, qui détenaient tous les avantages politiques et économiques. Il était donc naturel que, mécontents de se voir éloignés du pouvoir, les luthériens, les protestants et les grecs orthodoxes manifestent (plus ou moins silencieusement) un certain degré de sympathie et de compréhension à l'égard des Juifs. C'est ainsi que de nombreux membres du clergé ont fait ce qu'ils ont pu en délivrant des certificats de conversion. Le chef de l'Église grecque orthodoxe de Humenné a figuré parmi eux, mais beaucoup pensaient qu'il avait choisi d'agir ainsi par simple haine des catholiques au pouvoir ou pour se faire de l'argent. Dans l'ensemble, nous avons néanmoins eu l'impression que la plupart des autres chefs religieux ont agi par pure compassion pour nous. Malgré toute l'aide que la communauté chrétienne tentait de nous apporter en fournissant des certificats de conversion, il est vite apparu que le Code juif alors en vigueur définissait les Juifs par leur ascendance, en remontant jusqu'à quatre générations en arrière. Les certificats se sont donc révélés de peu d'utilité en fin de compte.

Mon père lui-même s'est vu délivrer un certificat de conversion à la religion grecque orthodoxe, recevant de ce fait un deuxième prénom typiquement russe, Vasilij. Il s'appelait dorénavant Samuel Vasilij Weinberger, une combinaison de noms insolite. Nous espérions qu'il n'aurait jamais à produire son certificat, mais en août 1942, cinq mois après la déportation des femmes célibataires, il n'a pas pu échapper à un contrôle.

Il s'était passé bien des choses au cours de ces cinq derniers mois et chaque difficulté à résoudre nous obligeait à devenir plus attentifs, plus avisés. Les intentions de nos ennemis se révélaient à présent tout aussi limpides que notre destin. La déportation des femmes et des hommes célibataires, puis de familles entières, avait fait fondre la population juive de notre ville.

Nous avions entendu dire qu'un camp de travail avait été établi à Ilava, au nord-ouest de la Slovaquie, et qu'il était destiné aux hommes et aux femmes issus de mariages mixtes, ainsi qu'aux convertis. Personne n'avait encore été déporté de cet endroit. Plutôt que d'attendre d'être pris dans une *razzia* ou emmené dans un convoi, mon père s'est donc inscrit pour les travaux forcés. Il devait partir deux semaines plus tard.

J'avais déjà commencé à vivre cachée quand cela était nécessaire, mais le jour où nous avons failli perdre mon père, je me trouvais à la maison parce que le danger semblait réduit. Au petit matin de cette chaude journée d'août, je dormais sur le canapé près des fenêtres ouvertes de notre rez-de-chaussée, quand soudain j'ai entendu : « Zuzana ! Zuzana ! Réveille-toi ! Vite, lève-toi ! » J'ai ouvert les yeux et j'ai vu Jozef, un Tsigane de ma connaissance qui avait travaillé par le passé dans le quartier où nous habitions auparavant. Nous avions quitté ce voisinage huit ans auparavant et je ne me souvenais pas d'avoir rencontré Jozef depuis, mais il savait manifestement où nous trouver.

Les Tsiganes vivaient dans un îlot de modestes maisons, situé à l'extérieur de Humenné. Quelques-uns d'entre eux, dont Jozef, travaillaient en ville, effectuant pour la plupart de gros travaux manuels pour des commerçants. Je conserve de parfaits souvenirs de lui du temps de mon enfance, alors que nous habitions rue Masaryk. La plupart des enfants, y compris moi, avaient peur d'eux. Ils ne nous menaçaient d'aucune façon, mais ils vivaient marginalisés. Beaucoup de citoyens les considéraient comme peu recommandables. De notre point de vue, les Tsiganes semblaient se déplacer constamment, et on les percevait comme indignes de confiance. Pendant la guerre, la « résolution de la question tsigane » figurait presque au sommet de l'ordre du jour nazi, juste en dessous de la « solution finale à la question juive ». Ils ont également subi des persécutions féroces.

Jozef m'a dit qu'à 6 heures ce matin-là, il avait vu mon père et d'autres hommes escortés par les forces de l'ordre qui les faisaient sortir du *shtibl* (une maison de prières). Il les avait suivis jusqu'au poste de police, puis comprenant la gravité de la situation, il s'était précipité chez nous pour nous avertir. Il n'était que 6 h 30 quand il était arrivé à notre appartement.

Je me demandais si quelqu'un d'autre avait été témoin de l'arrestation de mon père. Pour l'amour de Dieu, me disais-je, pourquoi mon père tenait-il tant à se rendre à la synagogue ? Il aurait très bien pu prier à la maison. Mais je le connaissais : il souhaitait se joindre au *minyan* (quorum nécessaire à la récitation de certaines prières) au lieu de prier seul chez lui. La synagogue que nous fréquentions avait été fermée six mois auparavant car il n'y avait plus assez de monde pour la remplir. Au moment où l'on avait arrêté mon père au *shtibl*, il ne restait plus qu'un petit groupe de Juifs à pouvoir constituer le *minyan*.

Avant cette période tragique, Humenné abritait une communauté juive dynamique et florissante. Nous avions trois lieux de culte, dont le plus fréquenté était la synagogue orthodoxe où se rendait mon père. Il s'agissait d'un nouvel édifice impressionnant, construit au début des années 1930. Bien avant la guerre, on y célébrait toutes les fêtes nationales tchécoslovaques et lors d'événements nationaux, on y invitait les notables locaux, dont le maire et même le colonel de l'escadron militaire de la région.

Après avoir écouté les explications de Jozef, je me suis habillée en vitesse, je lui ai demandé de rester auprès de ma mère inquiète, puis je me suis lancée à la recherche des membres du Conseil juif en espérant qu'ils pourraient m'aider. J'en ai trouvé un que je connaissais assez bien, mais il s'est montré très pessimiste. Il m'a révélé qu'un autre convoi se préparait et qu'il fallait que la police puisse remplir son quota de 100 personnes pour le soir même. Selon lui, il était inutile d'aller porter secours à mon père. Je me suis donc rendue seule au poste de police.

Je suis arrivée sur place à 7 heures. Tout était calme ; l'édifice était plongé dans un profond silence. Le bureau principal n'ouvrait qu'à 8 heures. M'aventurant dans les rares couloirs, j'ai fini par trouver l'officier de service. Le visage impassible, l'homme, qui m'était inconnu, semblait totalement indifférent à ma présence et à mon problème. Je l'ai supplié de libérer mon père pour qu'il puisse retourner auprès de sa femme souffrante – c'est tout juste si je ne me suis pas jetée à ses genoux. J'ai déclaré sans marquer d'hésitation qu'il s'agissait d'une erreur, que mon père était chrétien, qu'il n'aurait jamais dû se trouver à la synagogue. J'ai promis que cela ne se reproduirait jamais plus. Le policier a regardé l'horloge : elle affichait alors 7 h 15. Sans mot dire, il a quitté le bureau en me faisant signe que je sorte aussi, puis il m'a fait patienter dans les escaliers.

Quand j'ai aperçu mon père près d'une demi-heure plus tard, il avait l'air anéanti, pressant toujours contre lui son sac en velours marine qui contenait son livre de prières, son *tallis* (châle de prière) et ses *tefillin* (phylactères). Son certificat de conversion se trouvait dans sa poche. L'officier n'a fait aucun commentaire concernant le sac ni son contenu et n'a prêté aucune attention à mes expressions de gratitude. Ses pensées étaient peut-être ailleurs, ou peut-être avait-il peur. Heureusement pour nous, il ne semblait guère soucieux de se plier aux exigences de son travail. Si seulement plus de fonctionnaires dans sa situation avaient agi comme lui ! Finalement, il a lancé : « Partez, et ne traînez pas ! »

Sur le chemin du retour, alors que nous approchions silencieusement de notre appartement, nous nous serrions la main très fort, mon père et moi. À notre arrivée, Jozef était toujours là qui attendait avec ma mère. Ils nous ont dévisagés, n'en croyant pas leurs yeux.

Lorsque je repense à cet événement et aux nombreux autres épisodes liés à ma survie, je me demande quelle force me poussait. Qu'est-ce qui m'a incitée à me rendre au poste de police ? N'avais-je pas l'instinct d'assurer d'abord ma propre protection ? Peut-être n'étais-je pas assez futée pour percevoir le danger qui me menaçait. Peut-être surestimais-je mon invincibilité, comme le font la plupart des jeunes gens. Moi qui supportais à peine mes cachettes forcées, je me suis précipitée dans la fosse aux lions dès que j'ai su que mon père avait été arrêté ! Il faut dire que la peur m'aurait sans doute assaillie davantage s'il s'était agi de membres de la Garde de Hlinka – les policiers n'étaient pas nécessairement tous membres du parti fasciste.

Tout compte fait, la décision que j'ai prise ce matin-là n'avait peut-être rien de rationnel : j'aimais mon père et j'étais décidée à ce que rien ni personne ne vienne l'arracher à sa famille. Ma méthode, qui consistait à implorer la clémence, ayant fait ses preuves une première fois, j'ai simplement tenté d'utiliser la même stratégie. J'étais en outre convaincue que laisser périr mon père signifierait notre fin à nous aussi. C'est un coup de chance que tout cela se soit produit avant l'ouverture du bureau à 8 heures : aucun témoin n'avait pu voir l'officier libérer mon père. Une demi-heure plus tard, le poste de police aurait été rempli de gens qui entamaient leur journée de travail.

Toutes les personnes placées en détention au sous-sol du poste de police ce matin-là ont été déportées. Je serai éternellement reconnaissante à Jozef. Sans lui, je n'aurais pas su à temps que mon père avait été arrêté. « Mon Dieu, ai-je imploré après coup, vous avez été si bon pour nous jusqu'à présent ! Je vous en prie, continuez de veiller sur nous. »

La fuite en Hongrie

Je partais me cacher périodiquement depuis plus d'un an lorsque ma mère est décédée des suites de sa maladie, le 23 juillet 1943. Mon père se trouvait alors à Ilava, le camp de travail réservé aux détenteurs d'un certificat de conversion. L'endroit était considéré comme plus sûr que les autres camps et on accordait même à mon père une permission de courte durée tous les mois. Malheureusement, il n'a pas pu rentrer à temps pour les funérailles : il est arrivé deux jours plus tard et nous avons pu faire *shiva* ensemble.

Après la mort de ma mère, je suis tombée gravement malade. J'avais contracté la scarlatine, une maladie très contagieuse et souvent mortelle à l'époque, ce qui fait qu'on m'a placée en isolement à l'hôpital. J'y suis restée deux mois, trop souffrante pour me préoccuper de la guerre, ni même de ce qui se passait à l'extérieur des murs de l'établissement. Les infirmières, des religieuses, se contentaient de vaquer à leurs occupations. Personne ne venait me voir – en temps de guerre, les gens ne rendent généralement pas visite aux malades hospitalisés. De toute façon, la plupart de mes amis vivaient alors dans la clandestinité ou subissaient les atrocités des camps, quand ils n'étaient pas déjà morts. Je crois d'ailleurs que personne ne savait où je me trouvais : compte tenu des circonstances, il était bien difficile de suivre les déplacements des gens.

Peu de temps après mon attaque de scarlatine, je me suis de nouveau retrouvée à l'hôpital, cette fois victime d'une grave jaunisse.

J'y suis restée un autre mois. Je n'avais jamais été vraiment malade auparavant, mais ces séjours exceptionnels en milieu hospitalier m'ont procuré l'environnement le plus sûr qui soit. Paradoxalement, mes maladies m'ont protégée durant trois précieux mois au cours desquels j'ai pu échapper aux rudes conditions de mes cachettes, ainsi qu'à la déportation.

À la fin de 1943, cinq mois après la mort de ma mère, j'ai jugé qu'il était temps pour moi de quitter le pays. Il y avait bien eu des périodes de calme relatif entre les déportations, mais je savais que je ne pouvais plus demeurer seule à Humenné. Peu de temps après ma sortie de l'hôpital, j'ai rencontré l'homme qui allait devenir mon mari, Arthur Sermer. Il demeurait alors, avec son frère Victor et leur cousine Léa, chez leur tante, qui était ma voisine. Nous nous entendions tous sur le fait qu'il était trop dangereux de rester en Slovaquie. J'avais épuisé toutes mes possibilités de cachette ; quant à Arthur, il était recherché par la Gestapo parce qu'il avait été en contact avec des partisans à la frontière polonaise. Nous avons décidé de trouver refuge en Hongrie. Grâce à diverses relations d'Arthur, nous avons fini par entrer en contact avec un passeur qui, moyennant finance, nous ferait franchir la frontière.

~

Les Sermer étaient originaires de Nižné Zbojné, un village entouré de forêts vallonnées, situé à une vingtaine de kilomètres au nord de Humenné, aux abords des Carpates. Sur leur terre, ils cultivaient du blé, du seigle, de l'orge, du maïs et des pommes de terre. Ils se chargeaient généralement du travail eux-mêmes, embauchant au besoin de la main-d'œuvre au village – c'était bien entendu avant l'apparition des machines agricoles dans nos régions. Les récoltes étaient d'abord destinées à nourrir la famille ; tout excédent était vendu. Les Sermer élevaient également des poules, des canards et des oies, ainsi qu'un peu de bétail qui broutait dans les champs.

Même si leur exploitation était productive, l'activité agricole ne rapportait pas assez. Pour compléter leurs revenus, les Sermer tenaient donc un magasin général, un service très apprécié des villageois qui n'avaient pas à se rendre dans les villes avoisinantes pour s'approvisionner. La sœur aînée d'Arthur, Cecilia, gérait le magasin. Le revenu qu'elle en tirait représenterait une part importante de sa dot. Ses trois autres sœurs, Sophia, Anna et Sidonia, donnaient également un coup de main.

La famille Sermer vivait dans le respect de la tradition judaïque, et le père d'Arthur s'y connaissait tellement en matière de loi juive que l'on venait des villages environnants pour lui demander conseil. Dès l'âge de 4 ans, chacun de ses fils – Arthur, Victor et Eman – a également commencé à recevoir un enseignement religieux. Ils se levaient plus tôt que les autres membres de la famille et se couchaient plus tard pour pouvoir étudier. Le père et ses fils travaillaient si fort et durant de si longues heures qu'ils finissaient parfois par s'assoupir au beau milieu d'une leçon. Quand les garçons ont été un peu plus âgés, un professeur d'hébreu récemment installé dans la région a pris le relais.

Leurs enfants grandissant, les parents Sermer souhaitaient qu'ils poursuivent leurs études, mais les établissements scolaires les plus proches se trouvaient à Humenné. Le père d'Arthur a donc décidé de faire bâtir une école sur place pour accueillir les enfants du village et réduire ainsi les frais de déplacement. Il s'agissait également pour lui d'un investissement. Malheureusement, victime des répercussions de la Grande Dépression, l'entrepreneur a connu de graves problèmes et a dû déclarer faillite avant l'achèvement des travaux. Toute la famille a alors été mise à contribution, travaillant très fort et faisant de nombreux sacrifices pour que la construction de l'école soit quand même achevée.

Au début des années de bouleversements et de tragédies qu'allaient connaître les Juifs, la plupart des frères et sœurs d'Arthur avaient déjà terminé leurs études et quitté le domicile familial ; il ne restait plus que Sidonia et Victor. Mais lorsque les déportations vers les camps de concentration ont commencé, la plupart des enfants sont revenus à la maison auprès de leurs parents. Ils ont choisi de faire face ensemble à l'adversité et, avec d'autres Juifs des villages environnants, ils ont décidé de trouver refuge dans la forêt, une cachette tout indiquée pour ces paysans qui connaissaient très bien la région. C'est ainsi qu'à la mi-mai 1942, après avoir fait des provisions de nourriture et de biens de première nécessité, ils se sont installés dans une immense tente dissimulée au fond des bois, qui abritait 30 personnes de tous âges – femmes, hommes, filles et garçons. Tout le monde acceptait de bonne grâce les désagréments de cette vie en forêt, dans un abri de fortune, mais cela ne devait pas durer : leur cachette n'aura prolongé que de six semaines à peine la vie de la plupart d'entre eux.

Peu avant la fin juin, ils ont appris qu'ils avaient été dénoncés. Cependant, au moment où ils se préparaient à lever le camp, les gendarmes slovaques ont fait leur apparition, tirant des coups de feu en l'air. Munis de haut-parleurs, ils les ont sommés de se rendre. Paniqués, les membres du groupe, qui n'étaient pas armés, ont commencé à courir en tous sens, mais 23 d'entre eux ont été capturés et conduits à la gare la plus proche où les attendait un train de déportation.

Parmi les sept personnes ayant réussi à échapper aux gendarmes se trouvaient Arthur et Victor. Arthur avait alors 30 ans et Victor, 18 ans. Après être parvenus à rejoindre les autres rescapés du groupe, ils ont tous ensemble entrepris de se trouver un autre abri. Ils sont restés dans la forêt un peu plus d'une année, jusqu'à ce que la situation devienne intolérable et que le groupe finisse par se scinder. J'ai rencontré Arthur, Victor et leur cousine Léa peu après cet épisode et c'est alors que nous avons commencé à planifier notre fuite en Hongrie.

~

Nous avons quitté la Slovaquie en janvier 1944, dans le froid glacial d'une nuit sans étoiles. Alors que nous traversions illégalement la frontière, l'air était agité par le souffle annonciateur d'un blizzard et seul le blanc éclatant de la neige éclairait notre fuite. Nous avons fait le trajet dans une voiture à cheval conduite par un passeur qui tirait grand profit de ces voyages au cœur de la nuit.

Comparée à la Slovaquie, trop heureuse de coopérer à la mise en œuvre de la « Solution finale » de Hitler (éliminer les Juifs le plus rapidement possible et au moindre coût), la Hongrie paraissait relativement sûre à l'époque. Bien qu'allié politique des forces de l'Axe, le pays était considéré comme un État indépendant, au même titre que la Slovaquie. Le prix de cette prétendue autonomie par rapport à l'Allemagne consistait néanmoins à devoir vivre selon les règles nazies. Toutes les mesures antijuives, que ce soit en matière d'emploi, d'éducation ou d'expropriation, ressemblaient aux ordonnances en vigueur dans les autres pays européens occupés. Les Juifs qui avaient l'âge du service militaire étaient envoyés dans des camps de travaux forcés, mais c'était préférable aux déportations perpétrées en Slovaquie, qui menaient tout droit vers les camps de la mort de Pologne.

En janvier 1944, la Hongrie comptait encore 700 000 Juifs. Si nous avions entrepris notre périple, c'est que nous savions que le gouvernement s'était jusqu'alors opposé à l'envoi de ses citoyens juifs à Auschwitz, un fait de notoriété publique. Le passeur nous a déposés à la ville frontalière de Sátoraljaújhely, et de là, nous avons pris un train pour Budapest. Heureusement, toute cette partie du trajet s'est déroulée sans encombre.

Avant la guerre, j'avais souvent passé les vacances d'été à Budapest avec mes cousins et j'avais vraiment hâte de les revoir. Étant originaire d'une petite ville, j'admirais la beauté de la capitale hongroise qui m'apparaissait comme une grande cité, avec ses jardins bien soignés et ses palais baroques bordant de vastes boulevards le long du Danube. J'avais de la famille du côté de mon père qui demeurait non loin de la gare de l'Est où mes compagnons et moi sommes descendus du train. Léa nous a quittés pour rejoindre des amies, Arthur et Victor devaient s'installer ailleurs également, mais auparavant, je les ai emmenés chez ma tante Ethel pour les lui présenter. J'étais très émue – mon cœur battait au rythme de mes pas. Quand nous sommes arrivés à Budapest, j'avais 19 ans. Les fils de tante Ethel étaient à peu près du même âge que moi : Feri avait 20 ans et Jozsi, 18 ans. Cela me faisait du bien de me retrouver en famille.

J'ai bientôt réussi à obtenir une fausse carte d'identité au nom de Helena Smutek, choisi parce qu'il était à consonance catholique polonaise ; mes cousins l'avaient obtenue auprès de Juifs polonais. Je suis vite devenue très occupée. En effet, Feri savait que j'avais étudié plusieurs langues – l'allemand, le polonais, le russe et le français – et il m'a encouragée à poursuivre mon apprentissage en me payant des cours de français avec un certain M. Homed, professeur et proche ami de la famille. Il venait chez nous quatre fois par semaine pour enseigner à mes cousins et à certains de leurs amis les langues qu'ils auraient normalement étudiées à l'école. Le *gimnázium* juif (l'école secondaire) avait été fermé ce qui obligeait de nombreux élèves à trouver différents moyens de poursuivre leurs études afin de ne pas prendre de retard dans leur scolarité.

Comment la famille avait connu M. Homed demeure un mystère pour moi. Il entretenait des relations très cordiales avec elle et il était rétribué généreusement pour ses leçons. Bien après la guerre toutefois, Jozsi m'a raconté que son père, mon oncle Andor, ne faisait pas vraiment confiance à ce M. Homed, qu'il surnommait même « le serpent ». Malgré tout, le professeur se joignait souvent à la famille pour le repas de midi, et parfois celui du soir. J'admirais les talents que déployait ma tante pour nourrir toute cette tablée avec des rations qui suffisaient à peine à sa propre famille.

À notre connaissance, M. Homed était un réfugié originaire de Vienne, et nous n'avions aucune raison d'en douter. On ne parlait jamais de sa vie privée, car ma famille n'avait pas l'habitude de mettre le nez dans les affaires des autres. Bientôt, en mars 1944, M. Homed allait jouer un rôle lourd de conséquences dans nos vies – un rôle qui devait mettre un terme aux deux mois de sécurité relative que je venais de vivre.

À ce moment-là, la Hongrie tentait de sortir de la guerre et de briser son alliance avec l'Allemagne. Mécontents des intentions du gouvernement hongrois, les nazis s'irritaient particulièrement de le voir s'obstiner dans son refus de déporter ses citoyens juifs à destination des camps de la mort. Consternés mais pas vraiment surpris, nous avons assisté à l'invasion de la Hongrie par les Allemands, avec la Gestapo et les SS, le 19 mars 1944. Ils ont instauré l'intolérance nazie et promulgué de nouvelles lois barbares. Les officiers de la Gestapo se montraient particulièrement sanguinaires et avides de renflouer leurs coffres sans fonds pour satisfaire leur penchant grandissant pour les objets de luxe. Pour les nombreuses personnes qui avaient fui les pays avoisinants afin de trouver refuge en Hongrie, la situation empirait. Les *razzias* se succédaient dans la rue et chez les particuliers ; les dénonciations et la surveillance se multipliaient tout autant.

Le territoire hongrois était dorénavant occupé par des forces politiques et militaires étrangères. La situation se détériorait de jour en jour, surtout pour les Juifs. Le danger venait des SS et de la Gestapo, mais également du pouvoir que possédaient le Parti des Croix fléchées et les gendarmes du pays. Le Parti des Croix fléchées (ou *Nyilas*), une formation politique hongroise fasciste, s'apparentait à la Gestapo. L'organisation, nationaliste et antisémite à l'extrême, avait été interdite en Hongrie jusqu'à ce que les nazis envahissent le pays et légalisent ses actes de terreur contre les Juifs.

Entre-temps, je continuais à vivre chez ma tante et à étudier avec M. Homed. Les amis de Feri se rassemblaient souvent chez nous. Au cours de ces réunions, j'ai appris qu'une vingtaine d'entre eux avaient reçu l'ordre de rejoindre les camps de travail – c'était ainsi que les Juifs hongrois devaient remplir leurs obligations militaires. Feri n'avait pas été appelé en raison de la cardiopathie rhumatismale dont il avait souffert toute sa vie. Mais si son corps était fragile, son esprit ne l'était pas du tout. Il possédait en outre un véritable don de meneur.

Horrifiés à l'idée d'être enrôlés pour le travail forcé, les jeunes gens cherchaient tous une solution à leur problème. C'est alors que M. Homed, abondant dans leur sens, leur a donné le conseil suivant : « Fuyez ! Allez vous battre avec les partisans de Tito. Allez rejoindre Tito ! » Il leur disait que s'ils lui accordaient du temps, il trouverait un moyen de les conduire auprès de Josip Tito, le chef des partisans yougoslaves. Les jeunes gens ont mis leur destin entre les mains du professeur.

Deux semaines plus tard, alors que le jour de la convocation approchait à grands pas, nous attendions tous avec impatience que le plan de M. Homed se concrétise. Les garçons étaient prêts à partir au premier signal, tandis que leurs parents tentaient de se préparer psychologiquement à leur départ. Personne ne bousculait M. Homed. Il représentait après tout leur seul espoir. Tout le monde le tenait en haute estime. Toutes les familles lui faisaient confiance.

Puis une semaine avant le départ, à la mi-avril 1944, M. Homed a annoncé d'un ton triomphant avoir trouvé des contacts fiables prêts à mener les garçons vers Tito et ses partisans. L'excitation était palpable. Grâce à M. Homed, nos jeunes hommes allaient être sauvés ! Les garçons devaient se rassembler à 10 heures précises le lundi suivant devant la charcuterie située à gauche de l'entrée principale de la gare de l'Est.

La veille de ce jour fatidique, nous avons vu M. Homed pour la dernière fois. Le jour dit, les familles se sont fait leurs adieux à la maison, sachant qu'il serait dangereux d'arriver en groupe à la gare. Seul Thomas, 15 ans, le frère de l'un des garçons du groupe, s'y est rendu pour observer la situation de loin. Soudain, il a remarqué la présence suspecte d'hommes en uniforme à proximité de l'endroit où les garçons s'étaient rassemblés. Après avoir repéré son frère dans le groupe, il a couru vers lui. Ce dernier lui a alors remis un bout de papier en disant : « Donne ça à Feri ! » Il avait écrit : « Le voyage est *treyf* (non kasher). On nous a trahis. » Nous avons appris par la suite que le groupe avait été déporté, puis qu'il avait été conduit dans les camps en Pologne.

Thomas a pris le mot de son frère à 11 heures. À 17 heures le même jour, les sirènes ont retenti dans tout Budapest, et des avions en provenance de la région de Bačka ont envahi le ciel. Nous nous sommes précipités aux abris où nous avons attendu sans mot dire ou presque que l'alerte passe, tout aussi abasourdis qu'effondrés à cause des événements choquants de la matinée. Il était évident que Feri devait fuir le plus vite possible. Aucun de nous ne pouvait imaginer la vie sans lui, mais s'il ne partait pas dans les plus brefs délais, il serait certainement déporté par les nazis. Nous avons donc tous convenu que Feri devait se rendre dès le lendemain matin chez un cousin, en banlieue de Pest. Nous croyions qu'il y serait en sûreté durant les 24 prochaines heures. Mais c'était sous-estimer les Allemands.

Ce soir-là, tante Hannah et moi sommes allées nous coucher dans la chambre que nous partagions. Les couvertures remontées jusqu'au menton, nous grelottions dans notre grand lit, le sang glacé par les événements et transies de froid en raison du courant d'air qui parcourait notre appartement mal chauffé. À 2 heures du matin, nous avons été réveillées par un bruit provenant de la pièce voisine, puis quelques instants plus tard, deux hommes en uniforme ont fait irruption dans notre chambre. Ma tante a été sommée, en allemand, de présenter ses papiers d'identité, une requête aussitôt traduite en hongrois. Hannah a enfilé sa robe de chambre, puis a obtempéré. Ses papiers étaient en règle. Quand les policiers ont demandé à voir les miens, ma tante leur a expliqué que je n'étais qu'une enfant. Comme il faisait sombre, ils l'ont crue, et je ne sais trop pourquoi, ils ne se sont pas donné la peine de vérifier. Sa rapidité d'esprit m'a sans doute sauvé la vie car mes faux papiers n'étaient pas un gage de sécurité. Feri, toutefois, n'a pas eu autant de chance. Il a été emmené par la Gestapo : on le soupçonnait d'être un opposant politique car il possédait une médaille de Masaryk que, par coïncidence, je lui avais offerte bien des années auparavant. Il a été déporté au camp de concentration de Dachau, mais a réussi à en sortir vivant.

À la suite des événements tragiques de cette nuit-là, j'ai dû quitter la maison de ma tante. Arthur, Victor et moi savions que notre brève période de refuge en Hongrie tirait à sa fin. Nous avons donc commencé à chercher un contact qui nous ferait passer de nouveau en Slovaquie ; nous connaissions des gens qui souhaitaient faire de même. Entre-temps, nous nous sommes installés dans un vaste appartement connu de bien des réfugiés, où le propriétaire permettait qu'on tienne des réunions.

Un jour, à l'aube, la police locale a fait une descente dans l'appartement. Nos papiers d'identité ne leur ayant pas donné satisfaction, ils nous ont emmenés sur-le-champ au quartier général de la police chargée d'assurer la sécurité de l'État, dans le secteur de Svábhegy (quartier de Buda). Sur place, nous avons fait personnellement l'expérience du travail des interrogateurs professionnels. J'ai raconté l'histoire que j'avais préparée : j'étais d'ascendance catholique polonaise, mon père était polonais et originaire de Cracovie, et si je parlais la langue hongroise c'était que ma mère, elle, était hongroise.

Compte tenu de l'alliance de longue date qui unissait la Pologne et la Hongrie, cette dernière avait officieusement offert d'accueillir les déserteurs de l'armée polonaise. Des civils non juifs avaient également trouvé refuge en Hongrie. Il était donc plausible que des Juifs de Pologne ou d'ailleurs recourent à de faux papiers dans le but de sauver leur peau en Hongrie.

Il s'est avéré que j'étais un sujet idéal pour les interrogateurs. À 19 ans, je n'étais pas du tout préparée à faire face à une telle situation. J'ai récité mon boniment en hongrois, mais ils ne m'ont pas crue. Quand j'ai nié être juive, les détectives, furieux, se sont mis à me frapper les mains. Mes paumes ont enflé instantanément ; de seconde en seconde, la chair gonflait comme de la pâte au levain. Je ne pouvais plus bouger les doigts, mais l'interrogateur, lui, n'avait aucun problème à bouger les siens. Il m'arrachait les cheveux – je revois encore très clairement les grosses mèches dans ses mains.

Ils ont fini par me faire dire ce qu'ils voulaient entendre : que j'étais juive. Évidemment, cela signifiait qu'Arthur (devenu mon fiancé peu après notre arrivée à Budapest) et son frère l'étaient également. J'ai su plus tard qu'ils avaient tous deux été frappés beaucoup plus violemment que moi.

Maintenant qu'ils avaient établi notre identité juive, ils savaient quoi faire de nous.

On nous a donc conduits avec beaucoup d'autres vers un camp de transit nouvellement créé dans une vieille école abandonnée du centre de Pest. Des centaines de personnes provenant de tous les quartiers de Budapest y étaient déjà rassemblées. Aucune organisation juive ne connaissait alors l'existence de ce camp. Les conditions y étaient horribles : pas d'endroit où dormir, à peine de quoi manger, pas d'installations sanitaires. Parmi les détenus se trouvaient des familles avec des enfants. Nous avons été emprisonnés dans ce camp durant deux ou trois semaines.

Puis nous nous sommes retrouvés à Csepel. Cette île du Danube abritait principalement les entreprises Manfréd Weiss, le plus grand complexe industriel du pays, où l'on produisait notamment des armes et des munitions. Il avait appartenu à Manfréd Weiss, un Juif hongrois, et à trois autres familles apparentées. Weiss et son entourage avaient déjà fui la Hongrie, ayant échangé les parts de leur société contre leurs vies. L'entreprise produisait des marchandises de toutes sortes – des motocyclettes aussi bien que de la vaisselle ou des munitions – dans différentes usines. Administrée par les nazis, l'entreprise, encore en partie opérationnelle, servait à la production de matériel à usage militaire. Le bâtiment où nous avons été conduits constituait cependant un autre de ces camps de transit nouvellement créés : nous avons appris, une fois de plus, que notre séjour n'y serait que temporaire.

Trois semaines plus tard, nous avons donc pris le chemin d'une briqueterie abandonnée située à Békásmegyer, une ville sur les berges du Danube à la périphérie de Budapest. Nous avons vite compris que les détenus qui s'y trouvaient allaient être déportés en Pologne. Et nous savions très bien à présent ce qui nous y attendait.

L'usine, rattachée au réseau ferroviaire, était cernée d'un cordon d'officiers SS. À proximité, des trains destinés au transport de marchandises attendaient d'être remplis. Il n'y avait aucune voiture servant au transport de passagers – seulement des wagons à bestiaux. Nous avons entendu les gendarmes hongrois parler de 30 000 personnes de tous âges dans ce camp, du nouveau-né au vieillard. La fièvre typhoïde et la dysenterie se sont répandues rapidement ; les malades gisaient sur des parterres de briques dans la cour de l'usine.

Arthur, Victor et moi avons déniché un endroit où nous avons pu utiliser les briques de façon à créer un espace pour dormir et pour nous asseoir. Cette nuit-là, la pluie ruisselant sur mon visage m'a réveillée – ce devait être tout ce que j'aurais à boire de la journée. Les conditions étaient très dures, c'est le moins qu'on puisse dire, mais mon jeune âge m'a permis d'affronter la situation. Pour bien des personnes âgées, toutefois, je crois que cela a été le début de la fin. Quand j'ai reconnu une parente lointaine du côté de ma mère – Bella, originaire de Humenné –, j'ai été profondément troublée par la présence de cette vieille dame dans un endroit pareil. Je me rappelle avoir été beaucoup plus affligée par son inconfort que par le mien. C'est d'ailleurs dans cette usine de briques que j'ai vu Bella pour la dernière fois.

Arthur était notre guide, tant sur le plan moral que sur le plan pratique. À 32 ans, il était plus âgé et plus expérimenté que Victor et moi, qui avions alors respectivement 21 et 19 ans. Arthur s'était juré que nous ne quitterions pas la briqueterie dans un wagon à bestiaux. Ayant fui son village pour se cacher dans les forêts slovaques, il avait appris beaucoup de choses et avait survécu à de nombreuses opérations policières. Nous comptions sur lui pour nous sortir de là.

Un jour, nous avons aperçu un Juif polonais – la trentaine, grand, yeux bleus, cheveux blonds et teint clair – qui se tenait devant un SS. Après lui avoir ordonné d'une voix enragée de se tourner à gauche puis à droite, le SS lui a lancé, sarcastique : « Tu n'es peut-être pas juif, mais ton nez, lui, l'est certainement ! » Nous avons découvert que l'homme et ses amis tentaient de sortir du camp en se faisant passer pour des non-Juifs polonais conduits par erreur à la briqueterie à la suite d'une rafle dans la rue.

Nous étions détenus depuis près de deux mois, sans aucun accès aux nouvelles du monde extérieur. Mais nous avons été frappés par la détermination de ces Polonais qui essayaient par tous les moyens de quitter l'usine et d'échapper aux wagons à bestiaux. Nous en avons déduit qu'ils devaient avoir de bonnes raisons pour agir de la sorte.

Nous étions arrivés à la fin du mois de juin 1944. Les prisonniers polonais nous ont appris que le gouvernement hongrois subissait des pressions internationales pour cesser les déportations, ce qui laissait présager une légère amélioration de la situation des Juifs. Il s'agissait de bonnes nouvelles, mais nous nous sommes tous rendu compte que les Allemands ne permettraient pas à la Hongrie de céder à ces pressions. De tous les détenus, les Juifs polonais étaient les mieux informés et les plus sensibles au danger – ils savaient comment évaluer notre situation. S'ils croyaient qu'il était temps de trouver une façon de fuir, alors nous devions les imiter.

Arthur insistait pour que nous nous fassions passer aussi pour les victimes innocentes d'une rafle. J'ai commencé par m'opposer vivement à son plan : l'interrogatoire horrible que j'avais subi m'était encore très présent à l'esprit et je craignais plus que tout de retomber entre les mains des policiers. J'avais bien du mal à surmonter ma peur, mais j'ai fini par me lasser d'argumenter avec Arthur et, heureusement, j'ai accepté que nous mettions son plan à exécution. Inutile de dire que j'étais tout de même terrorisée.

Nous avons rejoint le groupe de Polonais pour tenter de plaider nous aussi notre cause. Par chance, contrairement à l'homme dont j'ai parlé précédemment, nous n'avons pas eu affaire au personnel SS, mais à des officiers hongrois. Ils avaient peut-être reçu de nouvelles instructions de leurs supérieurs, car lorsque nous avons déclaré être d'origine polonaise, avoir été arrêtés par erreur et souhaiter être entendus, les Hongrois ont répondu favorablement à notre demande. Ils semblaient également accorder foi aux récits, presque tous semblables, de la trentaine de prisonniers polonais. Pendant ce temps, un groupe d'officiers SS qui se tenaient à l'écart nous jetaient des regards haineux. Nous les avons entendus maugréer : « Regardez-les qui essaient de s'en sortir comme ça ! »

Dans cette briqueterie abandonnée, il y avait 30 000 personnes emprisonnées, des Juifs de tous âges, de tous horizons, certains malades, d'autres robustes, mais tous destinés à mourir dans les chambres à gaz d'Auschwitz. Or, pour une raison que j'ignore, parmi ces milliers de détenus, seuls 30 individus, tous Juifs polonais exceptés nous trois, ont trouvé le courage de s'adresser aux autorités pour affirmer qu'ils n'étaient pas à leur place en ces lieux. Il faut dire que les Juifs hongrois ne pouvaient pas invoquer les mêmes raisons que nous. Nous étions des étrangers – notre accent le prouvait – et nous avons utilisé ce statut à notre avantage. Il était évident que nous ne serions pas libérés, mais notre cas justifiant une enquête plus approfondie, nous espérions ainsi échapper au destin de ceux qui seraient emportés dans les wagons à bestiaux.

Les policiers hongrois nous ont alors conduits dans l'une des plus grandes prisons de Budapest, Toloncház. L'établissement était rempli de criminels, mais nous ne nous plaignions pas. On n'y déportait pas les détenus : c'était le principal. En règle générale, les personnes arrêtées par erreur lors de *razzias* demeuraient en prison jusqu'à ce que les autorités aient rendu leur décision. Comme les policiers ne pouvaient imaginer que 30 personnes aient pu se sortir aussi facilement des griffes des SS et de leurs collaborateurs hongrois, ils étaient persuadés que nous n'étions pas juifs. Malgré tout, ils ne savaient que faire de nous. Si nous n'étions pas juifs, nous ne ressemblions pas non plus à des criminels. Pendant qu'ils essayaient de décider de notre sort, nous nous sommes installés dans cette prison en espérant pouvoir vivre jusqu'à la fin de la guerre dans cet environnement qui nous semblait relativement sûr et beaucoup plus tolérable que les autres que nous avions connus.

Si j'avais été seule, je n'aurais jamais osé plaider ma cause à la briqueterie et j'aurais sans aucun doute abouti dans un wagon à bestiaux. Encore une fois, c'était comme si une force puissante avait guidé mes pas, et ceux d'Arthur et de Victor, dans la bonne direction – celle de la vie.

Sauvés de justesse

Nous étions à Toloncház depuis près d'un mois quand on nous a informés que dans deux jours, nous serions tous conduits dans un camp de travail à Sátoraljaújhely, une ville située au nord de Budapest, à proximité de la frontière slovaque. Nous avions espéré demeurer en prison jusqu'à la fin du conflit, car, comme je l'ai mentionné, l'endroit nous assurait un minimum de sécurité et de confort. Je me rappelle d'ailleurs très bien nos conditions de détention et à quel point elles étaient préférables à celles qui prévalaient dans les camps de transit. Pour des détenus en période de guerre, nous vivions dans le luxe à Toloncház. Après tout, nous avions droit à trois repas par jour. Et peu nous importait à vrai dire que ce repas se résume à un liquide brun à peine tiède dans lequel baignait un peu d'orge à moitié cuit, accompagné d'un morceau de pain rassis.

Nous vivions et dormions dans une salle immense avec une centaine d'autres détenus qui attendaient, tout comme nous, qu'on décide de leur sort. Nous disposions de matelas de paille ou de chiffons. Contrairement aux prisonniers ordinaires, les hommes et les femmes se trouvaient au même endroit et nous étions libres de communiquer entre nous, ainsi que de circuler dans la salle comme bon nous semblait.

Dès que j'ai su que notre départ était imminent, j'ai sorti un de mes petits flacons de peroxyde d'hydrogène (que je transportais de camp en camp avec quelques autres biens) et j'ai recommencé à me décolorer les cheveux. Depuis l'entrée des Allemands en Slovaquie, je me blondissais les cheveux pour paraître plus « aryenne ». À Humenné, un coiffeur avait mis beaucoup de temps (et de peroxyde) à éclaircir mes mèches brun foncé. Évidemment, je ne pouvais pas me permettre de confier l'entretien de ma chevelure aux bons soins d'un professionnel, mais je faisais de mon mieux pour retoucher mes racines avec mes quelques flacons que j'utilisais avec parcimonie. Le produit avait un avantage supplémentaire : il agissait contre les poux, qui figuraient parmi les petits cadeaux dont nous gratifiait la vie en prison.

Vers la fin du mois de juillet 1944, nous avons été conduits au camp de travail de Sátoraljaújhely, cette même ville par laquelle nous étions passés en fuyant la Slovaquie. Dans l'ancien empire austro-hongrois, Sátoraljaújhely, située entre la mer Baltique et la Méditerranée, était considérée comme un grand carrefour commercial. Après la Deuxième Guerre mondiale, elle a perdu de son importance pour devenir une simple ville frontalière comme les autres.

Le camp de Sátoraljaújhely regroupait une population de détenus bien différente de tout ce que nous avions connu jusqu'alors. Nous nous trouvions en effet parmi des réfugiés non juifs originaires d'Ukraine, de Biélorussie et de Pologne. Beaucoup avaient fui l'avancée rapide de l'armée soviétique avec leurs moutons, leurs vaches, leurs animaux domestiques. Nous ne nous mêlions pas à ces gens. Nous les observions à distance, d'un œil plutôt méfiant : s'ils fuyaient les Soviétiques, et ce, aux côtés de l'armée allemande, il s'agissait sans doute de collaborateurs engagés dans la politique locale et peut-être même responsables d'atrocités.

Nos codétenus savaient qui nous étions. Nous nous attendions donc à ce qu'on nous dénonce et cela n'a pas tardé à se produire. Peu après notre arrivée au camp, on nous a ordonné de demeurer dans nos dortoirs. Selon la rumeur, les autorités s'apprêtaient à faire subir un examen physique à tous les hommes. À cette époque en Europe, seuls les Juifs faisaient circoncire leurs nouveau-nés ; la circoncision était donc considérée comme une preuve suffisante de l'identité juive d'un homme. D'ailleurs, beaucoup de mères juives hésiteront après la guerre à perpétuer cette tradition – l'Histoire nous a appris à penser à la sécurité de nos enfants.

Nous estimions que nous avions de la chance, nous les femmes, de ne pas avoir à passer par là. Cependant, l'une de mes camarades de détention m'a vite fait comprendre que personne n'était à l'abri des Allemands. Elle avait été témoin d'une scène au cours de laquelle un interrogateur avait « déduit » qu'une femme était juive en se fiant à la forme de ses yeux, de ses oreilles et, surtout, de son nez. Il avait également déclaré qu'on pouvait reconnaître un Juif à ses « lèvres charnues » mais aussi, à l'inverse, à ses « lèvres minces ».

Tous les hommes de notre groupe ont subi l'examen. Comme on pouvait s'y attendre, le bilan s'est avéré désastreux : la plupart des prisonniers ont été identifiés comme Juifs. Seul un petit nombre d'entre eux ont réussi à tromper les examinateurs. Une combinaison de chance et de rapidité d'esprit avait en effet permis à certains détenus de se positionner et de manipuler leur sexe de façon à ce que leur circoncision n'apparaisse pas clairement – un homme pourrait expliquer tout cela mieux que moi. C'est ainsi qu'Arthur a échappé à la détention ce soir-là. Son frère Victor n'a pas eu la même chance.

Les hommes démasqués devaient être déportés le lendemain. Mais ayant déjà affronté de nombreuses difficultés durant leur courte vie, ils n'allaient pas se laisser faire sans résister. Ils ne s'étaient pas rendus jusque-là en demeurant passifs. Victor et quelques autres ont pris un gros risque et tenté de s'échapper durant la nuit alors qu'ils ne connaissaient pas du tout la région. De fait, ils ont été repris et battus sauvagement.

Le jour suivant, Victor a été enfermé dans un wagon à bestiaux avec d'autres jeunes tout aussi décidés que lui à ne pas aboutir à Auschwitz. Il nous a raconté plus tard qu'un des détenus avait réussi à passer une chaîne en la cachant sous sa chemise. Plusieurs hommes se sont donc mis ensemble pour tenter de faire céder la lourde porte du wagon à l'aide de la chaîne. Au bout de deux heures de travail acharné, ils ont réussi à en forcer l'ouverture. Le train était en marche. Certains Juifs ne voulaient pas sauter. Ils imploraient plutôt les jeunes de rester à bord par peur des représailles dont ils feraient l'objet dès que l'on découvrirait l'évasion.

Ignorant ces supplications, les hommes ont commencé à sauter du train qui prenait de la vitesse. Un par un, ils se sont lancés dans la nuit noire, sans lune, ne sachant pas ce qui les attendait au sol. Ils traversaient alors la Slovaquie orientale, une plaine riche où poussaient l'orge, le seigle et le blé, et c'est sur cette terre durcie que Victor est venu s'écraser. Ressentant une vive douleur au coude, il a compris immédiatement qu'il s'était fracturé un os. Ne sachant trop où il se trouvait, il s'est caché dans des buissons jusqu'au lever du jour. Il s'est avéré qu'il avait atterri tout près de ma ville natale, qu'il connaissait. Quelque temps plus tard, après bien des aventures, il a participé au soulèvement national slovaque. Nous avons appris tout cela lorsque nous avons retrouvé Victor après la guerre.

Après l'examen physique des hommes du camp, le destin nous a conduits, Arthur et moi, sur une voie différente de celle de Victor. Le soir même de l'examen, on nous a répété de rester dans nos dortoirs jusqu'à nouvel ordre. Le lendemain matin, on nous a fait mettre en rangs dans la cour, un vaste espace entouré de bâtiments. Devant l'un d'eux se trouvaient un bureau et deux chaises, où deux officiers, dont le commandant du camp, ont pris place. Le commandant a alors lu les noms des prisonniers qui restaient de notre groupe, il y avait environ 70 personnes. Il a ensuite recommencé l'appel, par ordre alphabétique, en débutant par les femmes. Il est vite devenu évident que tous les sans-papiers, hommes ou femmes, seraient considérés comme juifs. Puis j'ai été appelée : « Smutek, Helena. » Quand le commandant a demandé à voir mes papiers, j'ai répondu résolument : « Je les avais, mais on me les a volés. » J'estimais qu'il s'agissait d'un mensonge plausible, mais apparemment, le commandant n'était pas de cet avis. Il m'a renvoyée, puis on m'a dirigée vers un groupe de femmes sans papiers. Tout indiquait que j'étais arrivée au bout de ma course.

Puis est venu le tour des hommes de se tenir devant le bureau où présidait le commandant qui était tout à la fois juge et partie. Quand Arthur a été appelé, je l'ai regardé, avec tristesse, s'approcher du bureau d'un pas militaire et assuré. Il répondait aux questions d'une voix calme, mais ferme et claire. Je voyais qu'il avait toute l'attention du commandant.

« Votre nom ? a lancé le commandant en dépit du fait qu'Arthur venait de répondre à l'appel de son nom.

– Jan Orlinsky, a répondu Arthur.

– Vos papiers ?

– Je les ai ! a déclaré Arthur.

– Ah bon ? Alors faites voir ! a répliqué le commandant.

Arthur a alors surpris tout le monde en déclarant :

– Vous aurez mes papiers demain. J'ai en effet demandé au KEOKH de vous les télégraphier. »

Relevant du ministère des Affaires extérieures, le KEOKH (Bureau central national de contrôle des étrangers) s'occupait des étrangers en situation régulière, c'est-à-dire de ceux qui possédaient un permis de séjour d'une durée limitée en Hongrie. Le commandant n'avait fort probablement jamais été placé devant une situation aussi inusitée. Dans ce trou perdu, recevoir un télégramme du ministère des Affaires extérieures, qui se trouvait à Budapest, constituait un grand événement. Le commandant semblait croire que cela puisse être possible, mais un doute subsistait tout de même dans son esprit, comme en a témoigné sa question suivante :

« Vous avez passé votre examen physique, correct ?

– Correct, a répondu Arthur.

C'était tout ce que voulait savoir le commandant.

– Vous pouvez aller à gauche, a-t-il conclu, indiquant du regard ceux qui possédaient leurs papiers.

Pourtant Arthur n'a pas bronché.

– C'est que ma fiancée se trouve de l'autre côté.

– Qui est votre fiancée ? Montrez-la-moi.

– Helena Smutek, a répondu Arthur en tournant la tête vers moi.

– Smutek, Helena ! a aboyé le commandant. Venez vous placer à côté de M. Orlinsky ! »

Arthur venait de me sauver la vie une fois de plus.

Chose étonnante, après nous avoir dirigés vers la « ligne de gauche », personne n'a fait de suivi. Il importait peu que les documents d'Arthur existent ou pas. Quelques jours plus tard, escortés par la police, nous avons repris le chemin de Budapest avec une vingtaine d'autres détenus. Les Juifs que l'on avait envoyés vers l'autre file ont été par la suite déportés à Auschwitz. Nous avions réchappé au purgatoire et, ce faisant, nous étions devenus d'authentiques Polonais non juifs – lesquels étaient souvent protégés par la Hongrie en raison de l'amitié de longue date qui, comme je l'ai mentionné précédemment, liait les deux pays.

Nous nous sommes retrouvés à Zugliget (un quartier de Buda), dans un camp militaire imposant, réservé aux membres de l'armée polonaise décimée ainsi qu'aux civils polonais antifascistes. À la suite d'un accord entre la Hongrie et la Pologne, le camp avait été établi avant l'occupation allemande pour accueillir les réfugiés polonais et empêcher ainsi qu'ils ne tombent aux mains des nazis. En cette fin de l'été 1944, nous savions que nous n'étions pas au bout de nos peines, que bien des dangers nous guettaient encore avant que le conflit ne s'achève. J'ai appris plus tard qu'en moins de trois mois, de mai à juillet 1944, près de 450 000 Juifs avaient été déportés de Hongrie à destination de la Pologne. À l'exception de la majorité des Juifs de Budapest – dont beaucoup étaient rassemblés dans des maisons marquées d'une étoile jaune et avaient été épargnés par les déportations –, le reste de la population juive avait été raflé dans tout le pays. Mais le 15 octobre 1944, le Parti des Croix fléchées, en collaboration avec l'Allemagne, s'est emparé du pouvoir. Ce coup d'État a marqué le point de départ d'une nouvelle étape dans la persécution : la rafle des quelque 250 000 Juifs vivant encore à Budapest.

Sous ce nouveau régime fasciste, que dirigeait Ferenc Szálasi, les déportations ont cessé à Budapest. Au lieu de cela, on raflait les Juifs pour les envoyer aux travaux forcés dans des conditions extrêmement rudes, sans leur donner ni à boire ni à manger. Les bataillons affectés à la construction des tranchées étaient particulièrement mortels. Les Croix fléchées disposaient dorénavant de moyens simples et bon marché pour tuer, ce qu'ils faisaient avec fanatisme : ils ont raflé des centaines de Juifs, les ont rassemblés sur les berges du Danube et les ont fusillés avant de jeter les corps dans le fleuve. Souvent, à l'aube, les cadavres venaient s'échouer sur le rivage.

En novembre 1944, les troupes américaines et soviétiques ont commencé à prendre les nazis en étau, les bloquant à l'est comme à l'ouest. Nous avions le sentiment que la guerre touchait à sa fin sans toutefois savoir quand celle-ci arriverait. Il nous fallait maintenant éviter d'être arrêtés avant la libération.

J'étais encore à Zugliget à ce moment-là, et je travaillais en tant que dactylo et interprète au quartier général polono-hongrois. À notre arrivée au camp, avec le groupe de civils polonais, les autorités nous avaient pris en charge : elles nous avaient enregistrés et conservaient nos papiers. Je disposais dorénavant d'une carte d'identité du camp qui portait mon nom d'emprunt, Helena Smutek. Qui plus est, Arthur et moi étions libres de nous trouver un logement à Budapest. Arthur avait obtenu un emploi au Nagykovácsi, un grand magasin de la ville. Pour ma part, comme on me croyait parfaitement bilingue, on m'avait engagée pour travailler deux fois par semaine au camp à titre de dactylo et, occasionnellement, d'interprète. Je tentais d'éviter autant que possible les tâches d'interprète, car mes aptitudes à communiquer en polonais n'étaient pas celles que l'on attendait d'une ressortissante polonaise. Cet emploi me fournissait néanmoins l'occasion de suivre le déroulement des événements, en recueillant notamment des informations auprès d'autres civils.

Le premier mois que j'ai passé à Zugliget s'est déroulé sans incident. Mais, peu après, certains d'entre nous ont commencé à remarquer l'inquiétante présence de Croix fléchées dans le camp. Dans les jours qui ont suivi, nous avons entendu dire qu'une *razzia* se préparait. Nous étions sidérés. Pourquoi effectuer une *razzia* dans un endroit où il n'était pas censé y avoir de Juifs ? Nous, les civils employés au camp, devions nous présenter au bureau de l'administration tous les quinze jours pour prouver que nous n'avions pas pris la fuite. La *razzia* s'est produite un jour de paye (qui avait lieu deux fois par mois) – le camp était donc rempli de gens.

Un colonel hongrois, également médecin, m'a abordée puis m'a ordonné de rejoindre le groupe de personnes qu'ils croyaient juives. J'avais déjà entrevu ce colonel une ou deux fois dans les bureaux du camp. Pour une raison obscure, il avait décidé que j'étais juive, affirmant que la forme de mes yeux l'en avait convaincu. Ma carte d'identité et mes explications ne m'ont été d'aucune utilité. On m'a emmenée au quartier général de la sécurité d'État à Svábhegy, où Arthur et moi avions été conduits après la rafle menée dans notre appartement de Budapest, à peine sept mois plus tôt.

Pour la deuxième fois, je me retrouvais dans la situation que je redoutais le plus : sur le point de subir un interrogatoire. Je devais agir intelligemment. D'abord, je n'admettrais pas que je parlais hongrois – plus on parle, plus on risque de révéler des choses. Je ne reconnaîtrais pas non plus être déjà venue dans ces bureaux. Après tout, qui se souviendrait de moi ? Des milliers de gens y avaient été amenés et j'étais convaincue qu'il n'existait aucune preuve de mon passage en ces lieux, à part le souvenir que j'en avais conservé. Et cette fois, je n'avouerais pas que j'étais juive, sachant que cela signifierait une mort certaine. Comment pouvais-je être tuée à présent, alors que j'avais réussi à traverser tant d'épreuves ? J'étais décidée à ne pas laisser ces brutes sanguinaires m'ôter la vie. Ces pensées m'ont insufflé un regain de courage.

Le lendemain, en attendant d'être interrogée, j'ai pu entendre les autres femmes rapporter leurs expériences. Il était clair que celles qui n'avaient pas cédé à la pression et avaient continué à nier qu'elles étaient juives, avaient survécu le plus longtemps. Nous étions détenues dans une propriété qui avait appartenu à un riche industriel issu d'une famille de nationalistes hongrois, mais néanmoins antifascistes; ils avaient fui la Hongrie juste à temps. Si nous n'avions pas été dans une situation aussi horrible, nous aurions pu profiter de la beauté du site, malgré son délabrement.

Le surlendemain, un homme est venu me chercher. Au moment où je franchissais la porte pour me diriger vers l'endroit où on avait envoyé les autres femmes juives, il a freiné mon élan pour me dire de prendre l'autre direction. Je me suis demandé: « Mais où m'envoient-ils ? » À l'autre bout du couloir, on m'a conduite dans une pièce où m'attendait une dactylo. Assise derrière l'un des deux bureaux qui s'y trouvaient, elle a commencé par s'enquérir de ma connaissance de la langue hongroise. Je lui ai répondu que mes aptitudes étaient quasiment nulles en ce domaine, tout en me demandant pourquoi elle me posait ce genre de questions. Le colonel du camp militaire polonais ne leur avait-il pas fait part de ses soupçons quant à mon identité juive ? La main droite ignorait-elle ce que faisait la main gauche ?

Puis un détective est entré. « Nous aurons besoin d'un interprète », lui a lancé la dactylo. Mais estimant qu'il connaissait suffisamment bien le polonais, il lui a répondu que la présence d'un traducteur serait superflue. Il m'a d'abord demandé de raconter mon histoire, en commençant par mon enfance. Il voulait connaître par le menu ma scolarité, mon adolescence et ainsi de suite. Je tentais de lui répondre avec le meilleur polonais possible. Soudain, il m'a posé une question en slovaque. J'étais sidérée. J'étais tombée sur un détective slovaque ! S'il avait été très attentif, il aurait sûrement remarqué les nombreux mots slovaques qui se glissaient dans mon récit en polonais. Or, apparemment, il entendait ce qu'il s'attendait à entendre de la bouche de la jeune Polonaise assise en face de lui. Ironiquement, il semblait très fier de ses aptitudes en polonais, affirmant qu'il avait compris presque tout ce que j'avais dit !

C'est à ce moment-là que j'ai vraiment commencé à avoir peur. Il m'a interrogée durant deux heures ce jour-là, puis deux autres heures le lendemain. Chaque question n'était qu'une variante de la précédente, tout comme l'étaient mes réponses. Il s'attendait sans doute à ce que je fasse une erreur quand il répétait ici et là des détails de ma vie. Mais je n'ai commis aucune bévue.

Le troisième jour, il a soudain changé de tactique. Il s'est mis à m'interroger sur mes amis, sur mes économies, sur ma garde-robe. Fréquentais-je des gens ? Si oui, qui et où ? Puis tout d'un coup, il a semblé remarquer les racines foncées de mes cheveux blonds. Il a alors commencé à me poser des questions en insinuant toutes sortes de choses sur ma vie, au point d'en devenir grossier. Dans un autre contexte, je m'en serais certainement offusquée. Dans cette situation cependant, certaines de ses questions très directes me rassuraient. Je me rendais compte qu'il ne s'adressait pas à moi comme s'il soupçonnait que j'étais juive. Il pensait plutôt que j'étais une espionne !

L'interrogatoire s'est poursuivi un moment, puis il m'a finalement annoncé qu'avant de conclure son enquête, il devait fouiller ma chambre. Je me suis d'abord dit qu'il s'agissait d'une bonne nouvelle, car je disposais d'une petite chambre sombre et austère qui n'avait rien à voir avec la grande vie que menaient les espions. Je courais néanmoins le risque qu'il croise mes logeurs, car je parlais couramment hongrois en leur présence. Je louais une petite chambre dans leur appartement et je m'entendais bien avec eux. Je me retournais souvent quand l'homme parlait à sa femme parce qu'elle portait le même nom que moi : Zuzana. Lorsqu'on m'appelait Helena, je mettais parfois du temps avant de me rendre compte qu'on s'adressait à moi. Une rencontre entre mes logeurs et le détective, qui croyait que je parlais à peine le hongrois, aurait eu de graves conséquences.

Au moment où nous entrions dans l'immeuble, j'ai commencé à trembler et à transpirer. Allais-je vers ma fin ? Je ne pouvais même pas envisager que ma vie pouvait finir de cette manière. Si cela avait été le cas, j'aurais sans doute tenté de m'enfuir. Une fois au 11e étage, j'ai ouvert la porte de mon appartement, le numéro 15. Jetant un regard alentour, je me suis vite rendu compte qu'il n'y avait personne. Un autre miracle! Une fois de plus, une force bienveillante m'avait protégée. On m'a relâchée faute de preuves.

~

Peu de temps après cet interrogatoire sur mes prétendues activités d'espionnage, Arthur et moi avons commencé à chercher un nouveau logement. Nous ne pouvions fournir aucune référence, mais après s'être entretenue avec nous à quelques reprises, une dénommée Mme Merish a accepté de nous louer une chambre dans son vaste appartement. Pour cette dame pleine de préjugés, nous possédions la meilleure référence qui soit: le grand magasin Nagykovácsi, où Arthur travaillait. Ce commerce, bien connu pour son soutien indéfectible au régime fasciste et les dons substantiels qu'il versait au Parti des Croix fléchées, avait pour principe de ne pas engager de Juifs. Durant la guerre, ses directeurs avaient rendu les critères d'emploi encore plus sélectifs, mais en raison de la pénurie de main-d'œuvre, ils avaient dû recruter dans les camps militaires polono-hongrois pour trouver des hommes jeunes et vaillants. C'est ainsi qu'Arthur avait obtenu ce travail. Mme Merish n'aurait sans doute pas été si impressionnée si elle avait su que les tâches d'Arthur consistaient à charrier les ordures, à couper du bois et à déplacer de lourdes caisses ou des meubles.

Nagykovácsi était la cachette parfaite. Personne n'irait y chercher des « indésirables ». Tenant à limiter le plus possible nos contacts avec le monde extérieur, nous avions délibérément cherché à nous loger à proximité du magasin. Trouver une chambre à louer n'était pas facile, car nombre de bâtiments avaient été pris d'assaut par des gens en quête d'habitation. Nous allions d'immeuble en immeuble, de rue en rue, à la recherche de concierges pouvant nous indiquer si les occupants étaient prêts à louer une pièce. Quand nous avons trouvé Mme Merish, nous avons cru que nous serions en sécurité chez elle. Nous estimions en effet qu'à 70 ans, elle ne devait pas s'intéresser activement à la politique. Il s'est avéré que nous avions tort.

Sur son mur, notre logeuse réservait une place de choix à la photographie de son fils, qui combattait aux côtés de l'armée allemande sur le front de l'Est. Elle nous a raconté qu'il se battait pour une cause juste, affirmant qu'il valait mieux mourir que de vivre sous un régime communiste et juif. Ayant élevé son fils dans cette croyance, elle appuyait maintenant avec ferveur son rôle dans la guerre. Il était par ailleurs non seulement son unique enfant, mais le seul membre de sa famille toujours en vie. Et comme si son apologie du fascisme ne suffisait pas à nous donner la nausée, nous avons découvert qu'elle cachait un revolver dans sa table de nuit, « au cas où ». Son soutien indéfectible à l'idéologie fasciste se manifestait également par le culte qu'elle vouait au gouvernement Szálasi et à Hitler, dont les photographies – parées de rubans aux couleurs de la Hongrie (rouge, blanc, vert) – ornaient aussi les murs de son salon.

Son nationalisme lui permettait sans doute de fuir la réalité. En effet, Mme Merish avait été un personnage important dans sa jeunesse. Troisième femme et veuve d'un musicien de renom, elle avait connu la richesse, bénéficié d'un statut enviable et fréquenté des aristocrates influents. Or, depuis qu'elle avait perdu son mari, elle vivait à l'écart de la haute société, faisant de mauvais investissements et nourrissant des opinions politiques radicales. Au moment où nous l'avons rencontrée, elle n'avait pas une seule amie et ne se mêlait pas non plus aux autres habitants de l'immeuble. Elle avait le sentiment qu'aucun de ces voisins n'était assez bien pour elle.

Fait ironique, nos origines fictives fascinaient Mme Merish. Je pense qu'elle aimait que nous soyons les personnes qu'elle voulait que nous soyons. Nous lui avions raconté qu'avant la guerre, Arthur avait travaillé comme forestier et veillé sur le domaine du comte Potocki, un aristocrate polonais bien connu. Elle en avait été très impressionnée. Quant à moi, je lui avais dit que ma mère hongroise avait épousé un Polonais, ce qui expliquait ma maîtrise de la langue hongroise. Mme Merish était attendrie par le hongrois approximatif d'Arthur et elle considérait notre couple comme le parfait exemple de l'amitié polono-hongroise.

Nous pouvions sentir que la guerre touchait lentement à sa fin. Alors même que le conflit entrait dans sa phase finale, qu'on sentait venus les derniers soubresauts, les fascistes hongrois continuaient à fusiller les Juifs et à jeter leurs cadavres dans le Danube. Nous n'étions pas encore hors de danger. Nous évitions Mme Merish le plus possible. Tous les dimanches, nous disparaissions quelques heures pour lui donner l'impression que nous allions à l'église. Elle n'a jamais posé de questions, mais elle nous observait attentivement. À l'approche de Noël, nous avons commencé à nous inquiéter. Notre ignorance des rituels associés à cette fête risquait fort de nous trahir. Nous savions que les familles avaient l'habitude de se réunir pour célébrer la veillée de Noël. Or, passer cette soirée avec elle aurait sans conteste été suicidaire.

Nous devions trouver le moyen de nous éloigner le temps que durerait la fête.

En tant que femme, je savais comment la rendre furieuse au point qu'elle veuille nous éviter. Selon l'entente que nous avions avec elle concernant l'utilisation de sa cuisine, nous devions tout laisser en parfait état. La veille de Noël, après avoir préparé le repas, j'ai omis intentionnellement de nettoyer la cuisinière et j'ai laissé la vaisselle dans l'évier. Je savais que cela la mettrait dans une telle colère qu'elle refuserait de m'adresser la parole, ce qui a été le cas. Mon plan avait réussi ! Je m'étais aussi arrangée pour qu'elle me voie avec notre petit arbre de Noël en plastique dans les mains.

Ce soir-là, alors que nous dînions dans notre chambre d'une soupe au chou-fleur – un maigre festin pour l'occasion – je me suis rappelé un chant de Noël que notre domestique fredonnait quand j'étais enfant. Je me souvenais de deux couplets et je les ai chantés je ne sais combien de fois durant ce qui m'est apparu comme une bonne heure, en sachant que Mme Merish pouvait nous entendre de la pièce voisine. Puis, Arthur a entonné un air que je ne connaissais pas, avec pour paroles des phrases tirées d'un quotidien allemand et lues en ordre inverse en espérant que notre logeuse croirait entendre un noël polonais !

Le lendemain matin, supposant que les personnages que nous incarnions devaient se rendre à la messe, nous nous sommes préparés à aller à la basilique Saint-Étienne. Nous avons croisé Mme Merish dans la cuisine, nous lui avons souhaité un joyeux Noël et nous lui avons donné un pot de compote de prunes. Elle nous a, pour sa part, offert un pot de marmelade en nous disant combien elle avait aimé entendre mon chant de Noël. Curieusement, malgré ses profonds sentiments religieux, elle n'a pas assisté à la messe ce matin-là, sans pour autant nous déconseiller d'y aller. Cela nous a laissés perplexes, mais nous sommes tout de même partis, convaincus que dans notre situation, c'était ce qu'il convenait de faire.

Après avoir parcouru un certain temps les rues désertes de Budapest, nous nous sommes rendu compte à quel point il avait été ignoble de sa part de nous laisser sortir sachant pertinemment qu'un couvre-feu était en vigueur – Mme Merish possédait un poste de radio et elle savait que nous n'en avions pas. Dehors, un haut-parleur exhortait la population à rester chez elle en raison du danger qui rôdait dans les rues ; il était précisé que la ville était encerclée par l'armée soviétique, mais que la situation était temporaire, car « notre armée supérieure » ferait bientôt reculer l'ennemi.

Mais nous ne pouvions plus revenir sur nos pas. Nous avions déjà parcouru un bon bout de chemin, bien qu'à quelques kilomètres encore de la basilique. Les obus pleuvaient sur la ville, couvrant les trottoirs et les rues d'éclats de verre, mais nous continuions à avancer, sachant que nous étions des cibles faciles. Nous n'avions pas le choix : il n'y avait d'abri nulle part. Tous les commerces étaient fermés, les toilettes aménagées sous les rues étaient fermées, et nous ne connaissions personne chez qui nous réfugier. Après la guerre, nous avons appris qu'en ce matin de Noël 1944, la ville était prise d'assaut sur trois côtés ; seul le secteur ouest demeurait encore ouvert, permettant à l'armée allemande de battre en retraite dans cette direction.

Poursuivant notre route, nous avions certes peur des obus, mais nous craignions encore davantage les patrouilles de Croix fléchées. Si elles nous prenaient à errer dans la ville, nous risquions fort de nous retrouver dans le Danube. Cette sortie a été la chose la plus insensée que nous ayons faite lors de notre séjour à Budapest. Il n'y avait aucun civil dans les rues, que des gardes postés devant les édifices importants. Une patrouille a fini par nous repérer et un officier nous a demandé où nous allions. Bien qu'interloqué par notre réponse, il ne nous a pas empêchés de poursuivre notre chemin.

Quand nous sommes enfin parvenus à destination, nous étions tous les deux exténués. Construite sur le modèle de Saint-Pierre de Rome, la basilique constituait une importante attraction touristique. Elle pouvait accueillir des milliers de fidèles, mais ce matin-là, il n'y avait que 10 personnes, y compris le prêtre et nous-mêmes. Aucune messe ne figurait à l'horaire.

Sur le chemin du retour, nous avons tenté de prendre des raccourcis, mais nous sommes tombés à deux reprises sur des Croix fléchées qui nous ont jeté des regards méfiants. Une fois dans notre chambre, tout aussi épuisés que découragés, nous avons dormi jusqu'au soir. Cette nuit-là, le concierge de l'immeuble a décidé que nous devions tous rassembler des effets personnels de première nécessité et nous rendre à l'abri antiaérien où nous demeurerions un certain temps.

Une fois sur place, nous avons remarqué que Mme Merish s'était installée à l'extrémité opposée de celle où nous nous trouvions. À partir de ce moment-là, elle ne nous a plus adressé la parole ni même regardés. Avait-elle mauvaise conscience ? Nous ne comprenions pas comment elle avait pu nous laisser sortir sans nous prévenir du danger. On n'aurait pas permis à son chien de sortir dans de telles circonstances ! Cet incident a révélé sa véritable nature et son absence d'empathie à l'égard d'autrui. En y réfléchissant, j'ai compris qu'elle nous évitait maintenant en raison de la honte engendrée par ses profondes croyances religieuses. Son silence en ce matin de Noël aurait pu nous coûter la vie.

Libération et deuil

Pour beaucoup, l'annonce de la fin de la Deuxième Guerre mondiale a été synonyme de réjouissances, de gens qui dansent et s'étreignent dans les rues. Mais ce sont ceux qui se trouvaient très loin de la cruelle réalité du conflit qui ont réagi ainsi. Les Nord-Américains et la plupart des Européens en avaient assez de la guerre et avaient hâte de reprendre le cours normal de leur existence. Les Juifs d'Europe de l'Est comme nous ont cependant accueilli la nouvelle avec plus de réserve. Nous étions soulagés d'être encore en vie, bien sûr, mais nous nous demandions qui des membres de nos familles et de nos amis dispersés avaient survécu : où étaient-ils tous ? Je voulais surtout savoir ce qu'il était advenu de mon père. Où était-il ? Je ne ressentais aucune joie. Je n'avais pas du tout le sentiment que je méritais d'être heureuse. Il était difficile de croire que je n'avais alors que 20 ans. J'avais l'impression d'avoir trois fois cet âge.

Pour Arthur et moi, la fin de la guerre n'a rien eu d'extraordinaire. Les combats ont tout simplement cessé à Budapest – du moins, c'est ainsi que nous l'avons vécue. Nous avons quitté l'abri le 18 janvier 1945 au matin. Dehors régnait un silence absolu. Notre refuge avait résisté aux bombardements, mais de notre immeuble ne restaient plus que quelques pans de murs. Nous avions été libérés ! Nous avions survécu !

Nous nous sommes approchés prudemment de la grille d'entrée de l'immeuble – je me rappelle encore le sol recouvert de neige. Puis nous avons aperçu un soldat soviétique qui traversait lentement la rue. Était-ce un rêve ? Les yeux remplis d'admiration respectueuse, nous avons regardé cet homme qui représentait tout ce que nous attendions de l'existence : vivre comme des êtres humains, des êtres libres. Nous avons eu envie de le toucher pour nous assurer qu'il ne s'agissait pas d'un mirage. « Allez-vous rester dans la ville ? L'ennemi va-t-il battre en retraite ? », lui a demandé Arthur en rusyn, une langue slave orientale que le soldat comprenait. Il nous a rassurés en affirmant que les Allemands étaient partis pour de bon.

Au cours de notre deuxième journée de liberté, nous nous sommes aventurés un peu plus loin. On nous avait néanmoins prévenus que le danger rôdait toujours. Il y avait en effet de nombreuses raisons de s'inquiéter : mines, bombes, fascistes, communistes et voleurs, sans compter les maladies que nous pouvions contracter en raison des cadavres humains et animaux qui jonchaient les rues. Mais nous sommes sortis malgré tout. Nous avions attendu ce jour trop longtemps, pendant toutes les années de guerre, privés de notre jeunesse, arrachés à nos proches et à la vie que nous avions connue. Nos corps avaient survécu intacts, mais nous avons eu les larmes aux yeux tout au long de cette journée.

Les hauts édifices qui bordaient les rues étroites du centre-ville étaient tous endommagés par les combats. Le soleil brillait. Des tirs retentissaient toujours au loin, mais là où nous nous trouvions, il n'y avait que silence. Un peu plus loin, alors que nous poursuivions notre route, nous avons remarqué la présence de soldats soviétiques qui s'affairaient autour d'un gros camion militaire. Nous les observions en nous tenant à distance pendant qu'ils le chargeaient d'articles de cuir provenant d'un commerce. Soudain, le chef du groupe nous a repérés et nous a fait signe de nous approcher. Puis, il nous a demandé :

« Êtes-vous les propriétaires de ce magasin ?

– Non, capitaine, a répondu Arthur. Nous n'avons jamais vu ce commerce.

– Alors pourquoi nous observez-vous ? a-t-il poursuivi. Montez dans le camion ! Nous allons vous emmener chez le commandant pour en savoir davantage sur vous.

– Capitaine ! a rétorqué Arthur. Nous ne nous intéressons pas à ce que vous faites, nous savourons le bonheur d'avoir été libérés grâce à vous !

L'argument n'a pas réussi à convaincre le soldat qui a commencé à s'impatienter. Il insistait pour que nous montions dans son camion. Sachant que les Soviétiques n'aimaient pas tellement les Hongrois, Arthur a changé de stratégie :

– Capitaine, nous ne sommes pas hongrois, nous sommes tchécoslovaques ! Des amis !

– Eh bien, s'il en est ainsi, que faites-vous dans les parages ? Pourquoi ne vous battez-vous pas contre les Allemands ?

– Nous sommes juifs, a répondu Arthur. Nous avons survécu à la guerre ici. Nous sommes très heureux de vous voir !

Le capitaine a mis un certain temps avant de se laisser persuader par nos propos, puis il nous a dit :

– Rentrez chez vous ! Et ne sortez pas de sitôt. »

Plus tard, nous avons appris que beaucoup de Juifs qui s'étaient retrouvés dans des situations semblables – croyant que les Soviétiques ne leur feraient pas de mal – avaient pris le chemin de la Sibérie. Certains d'entre eux n'en sont jamais revenus, tandis que d'autres n'ont pu retourner chez eux que cinq, voire dix ans plus tard. Cela aurait pu nous servir d'avertissement quant à ce que l'avenir nous réserverait sous un régime communiste.

Dans les jours qui ont suivi la libération de Budapest, nous avons commencé à envisager de rentrer enfin chez nous. Nous sommes toutefois demeurés encore un certain temps dans l'abri antiaérien. Pendant toute la durée de la guerre, et même un peu au-delà, les concierges des immeubles se sont trouvés en position de pouvoir, un pouvoir qui surpassait celui des propriétaires, que les locataires voyaient rarement. Inspirant à la fois crainte et respect, les concierges pouvaient sauver ou détruire des vies. Leur tempérament et leur tendance politique déterminaient comment ce pouvoir affectait leur comportement. Ils se laissaient souvent corrompre par la police ou autre autorité locale, voire par les locataires. Ils avaient notamment la responsabilité de distribuer les coupons alimentaires, ce qui signifiait qu'ils régissaient non seulement le logement des locataires, mais la nourriture qu'ils mangeaient.

Nous considérions notre concierge comme le meilleur qui soit. Il faisait partie des « bons ». Pour une raison ou une autre, nous savions qu'il opposait une résistance passive au régime fasciste. Quand nous avions emménagé chez Mme Merish, nous avions senti de la compassion dans son regard, comme s'il voulait nous dire qu'il connaissait notre secret, mais qu'il était notre ami. Je ne soulignerai jamais assez la chance que nous avons eue de l'avoir comme concierge. Après la guerre, nous avons découvert qu'il était membre du Parti social-démocrate, un parti interdit par les nazis après leur invasion du pays. S'il y a eu très peu d'activités clandestines de résistance de la part des groupes de gauche en Hongrie pendant la guerre, il est clair que les convictions politiques de notre concierge ont malgré tout influé sur les relations qu'il entretenait avec les gens au quotidien.

Souvent, le soir, de petits groupes de soldats venaient rôder dans notre immeuble. Habituellement, notre concierge s'en occupait en leur offrant l'hospitalité du mieux qu'il pouvait. Les Soviétiques se sont comportés à Budapest comme d'autres forces victorieuses l'avaient fait avant eux – en pillant, en buvant et en courant les femmes, et pas forcément dans cet ordre. Un soir qu'un groupe particulièrement violent s'apprêtait à se soûler dans son appartement du rez-de-chaussée, notre concierge s'est inquiété. Il a prévenu les locataires et suggéré aux femmes qui pouvaient passer la nuit ailleurs de quitter les lieux rapidement, car il craignait de ne pas pouvoir tempérer l'ardeur des soldats.

Depuis peu, nous nous étions liés d'amitié avec un couple de non-Juifs hongrois, des gens très religieux qui avaient perdu leur fils unique dans l'un des premiers raids aériens qui avaient touché Budapest.

Après la mort de leur enfant, leur vie semblait avoir perdu son sens, et seule leur piété profonde avait permis qu'ils ne renoncent pas à tout. Notre amie Maria avait un peu plus de 70 ans. Elle n'avait que la peau sur les os et paraissait plus vieille que son âge, mais elle s'inquiétait tout de même pour nous. Elle a donc suggéré qu'elle et moi nous rendions dans l'immeuble de son amie Anna, qui était tout près. Aucun soldat n'avait encore élu domicile dans sa rue.

Je me souviens qu'il faisait très froid ce soir-là. Pour nous tenir au chaud, Maria et moi n'avions que nos manteaux d'hiver et une écharpe enroulée autour de la tête et du cou. Dans l'abri, il n'y avait que trois chandelles ne fournissant qu'un faible éclairage. Anna nous a offert son lit et elle s'est déplacée dans celui de son mari, juste à côté.

Il était environ minuit quand nous avons entendu frapper violemment à la porte de l'abri. Deux soldats ivres ont alors fait irruption dans la pièce. Au bruit qu'ils faisaient, on aurait dit qu'ils étaient dix ! « Oh, mon Dieu, me suis-je dit, que va-t-il nous arriver maintenant ? » Les soldats n'avaient pas la réputation de violenter les femmes qui se trouvaient avec leur mari. Or, Maria et moi étions des victimes parfaites pour les soldats : deux femmes seules, sans homme.

Les soldats ont fait le tour des lits avec une lampe de poche pour en distinguer les occupants. Après avoir parcouru tout l'abri, l'un d'eux est revenu vers nous. Je l'ai alors regardé en lui chuchotant dans un russe approximatif :

« Je suis malade.

– Ah, oui ? a-t-il répondu, attendant que je poursuive.

– Je souffre de la fièvre typhoïde, ai-je ajouté en tirant la langue et en produisant des bruits de gorge étranges.

Ma déclaration n'ayant pas produit l'effet escompté, j'ai changé de tactique.

– Camarade, ai-je déclaré, je suis tchécoslovaque !

– Eh bien alors, nous sommes parents ! »

Puis ils sont partis, aussi rapidement qu'ils étaient arrivés. Je ne saisissais pas ce qui venait de se passer. Quelles étaient donc leurs intentions ? Ne comprenant pas le russe, les autres croyaient que mes paroles les avaient fait fuir. Impressionnés, ils voulaient savoir qui j'étais. Malgré moi, j'étais devenue importante. Pour ma part, je ne souhaitais qu'une chose : que les soldats ne reviennent pas. Or, une heure plus tard, ils étaient de retour.

Au centre de l'abri se trouvaient une petite table et deux chaises. Les soldats se sont assis en déposant deux bouteilles d'alcool devant eux. Ils étaient manifestement allés faire le plein. Au même moment, j'ai remarqué que le mari d'Anna était seul dans leur lit. Je lui ai alors murmuré :

« Où est Anna ?

– Elle est avec moi, cachée sous l'édredon, a-t-il répondu. Nous ne leur faisons pas confiance.

Voilà ma chance, me suis-je dit. Mais il fallait que j'agisse vite. Sans un mot de plus, j'ai bondi dans son lit, sachant que je serais plus en sécurité avec un homme auprès de moi. Anna était allongée en silence au bout du lit, mais son mari était furieux.

– Que fais-tu là ? m'a-t-il lancé.

– Je vous en prie, ne dites rien, ai-je répondu. Et ne vous inquiétez pas. Votre femme est en sécurité. »

Puis j'ai resserré mon écharpe pour me couvrir le visage.

Les soldats ont vidé leurs bouteilles, puis ont déclaré, en hongrois : « *Aludni* ! » (Au dodo maintenant !) L'un d'entre eux, passablement éméché, s'est approché de Maria, qui s'est soudain rendu compte de la situation : elle était seule dans un lit ! J'avais réagi sur un coup de tête, pour assurer ma propre sécurité, mais je m'inquiétais à présent pour elle. Le soldat s'est avancé davantage et lui a enlevé sa couverture. Elle était tout habillée, avec son manteau par-dessus ses vêtements. Sans même prendre la peine de retirer son arme, le soldat, tout habillé lui aussi, s'est laissé tomber sur Maria et, Dieu merci, il s'est endormi une seconde plus tard en ronflant bruyamment.

Pour Anna, Maria et moi, il était temps de déguerpir. Quittant l'abri, nous avons monté les escaliers en courant, puis nous nous sommes assises sur le canapé du salon de ce qui avait été naguère l'appartement d'Anna. Le toit avait été soufflé – les étoiles brillaient au-dessus de nos têtes en cette nuit glaciale. Maria n'avait pas été agressée, mais elle se sentait néanmoins profondément humiliée. Elle nous a suppliées de ne rien révéler de cet incident à son mari. Nous lui raconterions simplement avoir passé une nuit calme, sans soldats enivrés pour troubler notre sécurité. Nous sommes rentrées chez nous à l'aube.

Arthur et moi sommes restés avec Maria et son mari dans l'abri de l'immeuble de Mme Merish durant deux semaines de plus environ. Personne n'a jamais su que nous étions juifs. C'est sous les noms de Jan Orlinsky et d'Helena Smutek, le couple polonais, que nous les avons quittés. Et c'est sous les mêmes noms que nous avons rendu visite à Maria dix ans plus tard. Son mari était décédé à l'époque. Nous avons jugé qu'il n'était pas nécessaire de révéler notre véritable identité à une dame de cet âge.

Ce printemps-là, une fois la guerre bel et bien terminée, nous avons convenu qu'il n'y avait plus vraiment de raison de demeurer à Budapest. C'était dommage, car c'était en cette saison que la ville était la plus belle, avec toutes les fleurs fraîches écloses. Je me souviens qu'en ce temps de l'année, leurs parfums étaient si pénétrants qu'ils parvenaient même par moment à camoufler l'odeur des gaz d'échappement. En 1945, le mois de mai était encore plus beau que d'habitude, comme si mère Nature avait voulu contribuer aux célébrations marquant la fin du conflit. Les grandes avenues de Budapest débordaient de gens qui marchaient en chantant l'*Internationale*, l'hymne des travailleurs communistes du monde entier. On célébrait joyeusement la victoire des Alliés. Et au cœur de cette euphorie, on pleurait la mort du président des États-Unis, Franklin D. Roosevelt, que nous avions naïvement considéré comme le sauveur des Juifs.

Arthur et moi étions impatients de rentrer en Slovaquie pour retrouver les membres de nos familles qui avaient survécu. Après avoir rassemblé nos maigres possessions, nous avons quitté la maison du cousin d'Arthur. Il nous avait hébergés pendant environ deux mois après notre épisode dans l'abri avec Maria et son mari. C'est à la mi-mai que nous sommes montés à bord d'un train tout aussi bondé que sale, à la gare de l'Est, après avoir attendu trois heures, car le départ avait été retardé. Je regardais par la fenêtre, respirant l'air fortement pollué tant par la fumée du train que par celle du tabac, quand soudain, j'ai entendu une voix désespérée qui nous appelait. C'était Victor ! Il était venu à Budapest pour retrouver Arthur, et leur cousin lui avait aussitôt dit de se précipiter à la gare. Si le train avait été à l'heure, il nous aurait ratés.

Comme on peut l'imaginer, nos retrouvailles ont été riches en émotions. Une fois calmés, nous avons été impatients d'entendre le récit de nos expériences respectives durant la période où nous avions été séparés. Victor savait ce qu'il était advenu de presque tous les membres de nos familles. Quant à moi, je voulais surtout connaître le sort de mon père. Victor l'avait rencontré brièvement à Humenné pendant l'une des permissions que le camp de travail lui avait accordées. En septembre 1944, ils avaient passé environ deux semaines ensemble dans les montagnes de la Slovaquie centrale. C'était au début du soulèvement national slovaque. La plupart des jeunes Juifs, tant ceux qui étaient encore dans les camps de travail que ceux qui s'étaient cachés, ne demandaient qu'à faire partie de la Résistance. Victor avait vite pris part aux combats, tandis que mon père avait fui au cœur des montagnes avec un grand nombre de personnes de son âge.

Mal préparé, le soulèvement avait toutefois été réprimé en deux mois à peine. C'est alors que mon père avait été arrêté par les Allemands et emmené avec beaucoup d'autres détenus dans une ville voisine. Victor ne savait pas comment il avait péri. Certains avaient été fusillés et leurs corps jetés dans une fosse commune, d'autres avaient été conduits à un four à chaux et lancés vivants dans les flammes. Nous n'avons jamais su comment mon père a perdu la vie, mais j'espère de tout mon cœur qu'il n'a pas fini ses jours de cette horrible façon.

Eman, frère cadet d'Arthur et aîné de Victor, avait également été envoyé dans un camp de travail. Il avait néanmoins réussi à obtenir une dispense qui lui avait permis d'utiliser ses compétences professionnelles afin d'aider à la construction d'hôtels dans les Hautes Tatras. Il avait aussi participé au soulèvement national slovaque, où il s'était retrouvé un temps avec Victor, mais avait été capturé, déporté en Allemagne et détenu dans un camp de travail forcé. Il avait néanmoins survécu et il nous a rejoints après avoir regagné la Slovaquie au lendemain de la guerre. De tous les autres membres de la famille d'Arthur et de Victor, seul Eman a survécu. Leur père, leur mère, ainsi que leurs quatre sœurs ont péri dans les camps.

L'euphorie initiale de nos retrouvailles avec Victor est retombée. Ces nouvelles concernant le sort qu'avaient connu tant d'êtres chers nous ont tous les trois laissés dans un état lamentable. Peut-être étions-nous abasourdis par le choc, mais je me souviens d'avoir pensé qu'il n'y avait plus aucune raison de nous dépêcher de rentrer. Nous avons donc passé tous les trois un autre mois à Budapest avant de nous décider à retourner à Humenné.

~

Quand Arthur, Victor et moi avons fini par regagner Humenné, j'ai rendu visite à mes anciens voisins non juifs pour récupérer quelques biens ayant appartenu à ma famille, des objets auxquels nous attachions une valeur sentimentale et que nous leur avions confiés. Les photographies m'étaient tout particulièrement précieuses. Je ne réalisais pas encore l'énormité de la perte que j'avais subie. Regarder les photos de famille m'a procuré un immense plaisir, surtout celles de ma mère du temps où, jeune et en bonne santé, elle se remettait d'un problème gynécologique dans une station thermale de renom. Ces clichés m'ont rappelé pourquoi mes parents m'avaient tant chérie. Bien que j'aie été enfant unique, ma mère avait accouché d'autres enfants avant ma naissance : une fille, qui n'avait vécu que deux semaines, et un garçon prématuré, mort-né. Par la suite, elle avait aussi fait deux fausses couches. On comprend donc facilement pourquoi ils me chérissaient tant.

Je possède toujours beaucoup de ces photographies. En les regardant, j'entends encore ma mère parler des jours heureux qu'elle et mon père passaient chez leurs frères et sœurs à Budapest. J'ai du plaisir à me voir aux côtés de mes cousins. Au lendemain de la guerre, lorsque je posais mon regard sur ces clichés, je voyais bien plus que des visages souriants – je me remémorais la vie qu'ils avaient vécue. Je revenais sur le passé, au temps qui avait précédé le conflit, au temps d'avant les nazis. Et je revivais ces moments encore et encore. Ces jours, comme beaucoup d'êtres que j'ai aimés, sont disparus à jamais.

Malheureusement, parmi toutes ces photographies, je n'en ai trouvé qu'une seule de mon père, celle de son passeport. En réalité, cela n'aurait pas dû me surprendre. Papa était très pieux et le judaïsme traditionnel nous enseigne que l'on ne doit pas faire de reproduction d'êtres humains, car Dieu seul a ce privilège. Pour nombre de Juifs pieux, toute forme de représentation humaine relève de l'idolâtrie. Sur le plan pratique, cette interdiction englobe les photographies et le cinéma, et comprendrait aujourd'hui la télévision. C'est pourquoi je me retrouve avec une seule photo de mon père, Samuel Weinberger.

Mon père ne nous a manifestement pas imposé cette tradition, car en plus des photographies de famille, j'ai trouvé beaucoup de clichés de fin d'année scolaire. En y regardant de plus près, j'ai remarqué que jusqu'à la 8e année, il y avait 24 Juifs sur les 38 élèves de ma classe. Pour les autres, il s'agissait de Tchèques et d'enfants slovaques issus de familles qui n'avaient pas les moyens de les envoyer dans des établissements catholiques privés. En 1939, les proportions ont changé. Les Tchèques étaient partis, forcés de quitter la Slovaquie, et sur 32 élèves, il ne restait plus que 8 Juifs.

En regardant les photographies de mes amis, des filles et des garçons âgés de 15 à 18 ans, je songe au sort qu'ils ont connu. Nombre d'entre eux ont péri peu après l'arrivée des premiers convois à

Auschwitz. Je garde encore un souvenir si vif de certains d'entre eux! Comment ont-ils pu mourir si jeunes? Quelles brutes immondes, ces nazis! Regardez ce qu'ils nous ont fait!

Il y avait une photo d'Ida. Je me demande si nous nous rendions compte à quel point elle était jolie. Peut-être que nous ne voulions pas le reconnaître par jalousie. Elle était toujours entourée des trois plus beaux garçons de la ville. Ils l'attendaient, tous les trois, devant sa maison, d'où elle sortait impeccablement vêtue, et ils allaient tous se promener sur le boulevard principal. Issue d'une famille aisée, Ida aimait bien montrer ses beaux vêtements. Je me souviens encore combien elle était magnifique dans son élégant manteau vert à col d'astrakan noir. Ida était très séduisante, avec ses cheveux roux, son teint clair et ses jambes bien galbées. Nous la taquinions au sujet de ses taches de rousseur, mais à vrai dire, cela lui allait très bien. Elle a été l'une des rares à s'être cachée au moment du premier transport des femmes. Mais elle a été arrêtée plus tard et n'a pas survécu.

Il y avait aussi une photo, prise en 1940, où je me tiens avec Annie, une camarade de classe. Nous portions un brassard jaune placé sur la manche de notre manteau. C'est avec Annie que je me trouvais le jour où nous avions passé l'après-midi chez Eva et que nous avions eu cette conversation absurde avec son père. Annie n'était pas une première de classe, mais c'était une fille sympathique. Elle était enfant unique, comme moi. Originaire d'une autre ville, sa famille était venue s'installer à Humenné. C'est incroyable les souvenirs que notre mémoire peut conserver... Les parents d'Annie étaient très accueillants, et je me rappelle tout particulièrement un jour où ils m'avaient invitée à déjeuner. À mon grand étonnement, sa mère avait servi un goulasch de porc. Il n'était pas question que je mange de ce plat! J'avais expliqué que je n'avais jamais consommé de porc de ma vie et supplié sa mère de ne pas m'y obliger ce jour-là.

La mère d'Annie m'avait répondu patiemment que j'avais des idées préconçues, que je constaterais vite que je n'avais jamais goûté un goulasch aussi délicieux et que j'en redemanderais. Elle avait tellement insisté que j'avais fini par céder. Je m'étais donc retrouvée devant un plein bol de goulasch – j'en avais pris une cuillérée, puis une deuxième, puis une troisième, sous le regard attentif de la mère d'Annie, assise en face de moi. Quatrième cuillérée, cinquième cuillérée... puis soudain, j'avais eu un haut-le-cœur. J'avais alors dû quitter la table et me précipiter dehors pour aller vomir dans le jardin. J'avais été souffrante tout l'après-midi et mes parents avaient été très en colère. Mon amie Annie non plus n'a pas survécu à la guerre.

Parmi ces précieuses photographies, il y en avait également une de Vera, la fille de notre propriétaire. Elle avait une douzaine d'années au moment où la photo a été prise. Vera était intelligente et bien élevée. Ses parents tenaient à ce que la ville entière sache qu'ils songeaient très sérieusement à se convertir au christianisme. Ils allaient à l'église tous les jours. Même leurs enfants croyaient à l'authenticité de cette conversion. Ils suivaient des cours, faisaient tout ce qui était nécessaire à la réalisation de leur projet. Le Code juif avait beau stipuler clairement qu'ils étaient toujours juifs, ils faisaient leur possible pour survivre, comme bien d'autres. Leur ferveur à l'égard de leur nouvelle religion était connue de tous, y compris des hautes autorités. Leurs efforts ont eu l'effet escompté car personne ne les a jamais chassés de leur maison. Si nous avions su que la ville de Humenné se montrerait sélective dans son interprétation du Code juif, nous aurions été sans doute plus nombreux à nous convertir de la sorte.

Je me rappelle qu'un jour Vera est entrée dans notre cuisine alors que je faisais cuire de la viande hachée. Elle, qui aimait bien manger, s'est aussitôt servi un des hamburgers déjà prêts. Mais soudain, son visage s'est empourpré, elle a cessé de mâcher, puis elle a tout recraché. Quand je lui ai demandé ce qui n'allait pas, elle a répondu : « C'est vendredi ! J'ai commis un terrible péché en mangeant de la viande un vendredi ! » Je ne sais pas trop ce qui est arrivé à Vera durant la guerre, mais lorsqu'on a évacué Humenné à l'approche du front soviétique, elle et sa famille ont fui en Slovaquie centrale. Vera mène aujourd'hui une vie heureuse en Israël.

Il y avait aussi des photos de Marta et Irina, mes plus anciennes amies. Les parents de Marta étaient des gens discrets, avec des enfants obéissants. Au moment de l'invasion nazie, les membres de la famille ont décidé qu'ils vivraient ensemble ou qu'ils mourraient ensemble. Avec deux enfants de moins de 10 ans, une fille, Marta, atteinte de la tuberculose, et une mère souffrant de problèmes cardiaques, ils avaient peu de chance de survivre. Le fils aîné faisait des études de médecine, et la famille avait fondé ses espoirs d'avenir en lui. Ils ont tous été assassinés à Auschwitz.

Irina et moi étions perpétuellement en concurrence l'une avec l'autre. Nous comparions nos bulletins pour savoir qui avait obtenu les meilleures notes, nous nous demandions qui de nous deux avait le plus d'amies, qui allait s'asseoir à côté de l'enseignante le jour de la photo de classe, et ainsi de suite. Les parents d'Irina ont réagi différemment à la crise. Pour empêcher que leur fille ne soit emmenée lors de la déportation des femmes célibataires, ils lui ont trouvé un époux pour un mariage blanc. En la croisant dans la rue peu après, j'ai reconnu cette lueur de triomphe bien familière dans son regard : elle avait été la première à se marier, à 17 ans à peine ! Quoi qu'il en soit, ce mariage a non seulement sauvé Irina de la déportation, mais il a fini par se transformer en une véritable union. Les époux sont en effet tombés amoureux l'un de l'autre, ont vécu heureux ensemble, et à 18 ans, Irina a donné naissance à un enfant. Malheureusement, le bonheur de la petite famille a été de courte durée. Ils ont également trouvé la mort dans les chambres à gaz d'Auschwitz.

J'ai aussi une photographie de Laco, un agréable jeune homme au physique frêle.

Membre assidu du *Bétar*, une organisation sioniste de droite, il promouvait son idéologie militante tant verbalement que financièrement. Laco a tenté à de nombreuses reprises de quitter la Slovaquie. En vain. Il avait beau avoir un demi-frère au Royaume-Uni, la bureaucratie était si lente qu'il n'a jamais pu prendre le train qui l'aurait conduit vers la liberté. Il a passé deux ans à Auschwitz et dans d'autres camps où il a miraculeusement survécu en dépit de sa constitution fragile. Malgré tout, à l'issue de la guerre, il a tragiquement perdu sa dernière bataille : il est mort du typhus qu'il avait contracté une semaine à peine après avoir été libéré.

Un autre visage figurant sur ces photographies était celui de Viola. Jeune fille naïve, elle s'était présentée d'elle-même au premier transport des femmes célibataires, car elle était persuadée que les nazis les emmèneraient, elle et les autres, à l'usine de chaussures de Bat'ovany, non loin de Humenné. Viola avait le sentiment que les femmes y seraient en sécurité, voire qu'elles s'y amuseraient toutes ensemble, peu importe si elles n'étaient pas payées. Elle n'était pas la seule à penser comme cela. Tant de gens voulaient croire que rien de mal ne leur arriverait, y compris les parents de Viola. Quand les jeunes femmes ont commencé à entrer dans le wagon à bestiaux, Viola a paniqué en se rendant compte qu'elle avait oublié ses coûteuses bottes de cuir toutes neuves à la maison. Elle est retournée chez elle en courant et, croyant toujours qu'elle se rendrait à l'usine de chaussures, elle est revenue à temps au wagon. Il paraît qu'elle a été l'une des premières à être gazée à Auschwitz.

Puis il y avait une photo de Hannah. En la regardant aujourd'hui, 50 ans plus tard, je ne peux m'empêcher de me rappeler un moment douloureux de mon enfance. Cet incident reste gravé dans mon esprit, peut-être parce qu'il apparaît bien ordinaire comparé aux événements qui allaient suivre. Le 6 décembre, on célébrait la fête de la Saint-Nicolas à notre école. Une grande salle était louée pour l'occasion. Nous y jouions à des jeux et assistions à divers spectacles. À la fin, nous nous échangions tous des cadeaux – ami à ami, enseignant à enseignant, élève à enseignant. Hannah m'avait demandé de lui apporter quelque chose, et elle devait me donner un cadeau en retour. Je voulais lui acheter du chocolat, joliment emballé dans du papier cellophane de couleur, mais j'avais besoin d'un montant d'une couronne, ce qui représentait beaucoup d'argent à l'époque. Mon père n'était pas content du tout. Pourquoi avais-je besoin d'une couronne ? Il m'a alors rappelé à quel point il fallait travailler fort pour gagner une couronne, ajoutant que j'allais dépenser cette somme pour rien. Mais, jeune et obstinée comme je l'étais, j'ai fini par obtenir ma couronne.

Puis le grand jour est arrivé. L'enseignante responsable nous a invités un par un à monter sur la scène pour y recevoir notre cadeau. J'ai reçu une grande boîte très légère, que je n'ai ouverte qu'une fois à la maison. Dans la grande boîte se trouvait une boîte plus petite, et dans cette dernière, une autre boîte plus petite encore, dans laquelle j'ai finalement découvert un contenant vide de crème à chaussures. J'étais tout à la fois extrêmement blessée et honteuse ! Mon pauvre père, qui s'échinait à gagner son argent, m'avait donné une couronne pour rien ! Je me souviens encore aujourd'hui à quel point j'avais été déçue. Après cela, Hannah m'a évitée et nous n'avons plus jamais eu de contact par la suite. J'ai entendu dire qu'elle avait passé trois ans dans des camps de concentration. Elle est une des rares femmes de ma connaissance à avoir survécu. Après le conflit, elle s'est installée à Prague où elle a vécu avec son mari et ses deux filles.

En revoyant tous ces visages au lendemain de la guerre, je savais que je ne me sentirais plus jamais chez moi à Humenné. Les photographies étaient là pour me rappeler la vie que nous avions connue en ce lieu, une vie disparue, brisée à jamais. J'étais prête à affronter la réalité : je devais quitter cette ville.

La reconstruction

Après notre bref passage à Hummené – une fois que nous avons su qui avait réussi à rentrer et qui ne reviendrait jamais – nous avons décidé de nous rendre à Bratislava, située à environ 500 kilomètres de là, au sud-ouest de la Slovaquie. Au moins, nous n'y connaissions personne responsable d'actes coupables durant la guerre. Nous y sommes demeurés pendant 23 ans. Victor et Eman ont également fini par nous y rejoindre. Certains survivants ont passé toute leur existence à revenir sur le passé. Nous avons continué à entendre des histoires troublantes à l'issue tragique ou miraculeuse. Seule la vraie vie pouvait engendrer des récits aussi ahurissants – aucun écrivain n'aurait été en mesure d'inventer des histoires si horribles. Quant à nous, Arthur et moi, c'est en nous tournant vers l'avenir que nous avons pansé nos plaies.

Quelques mois après la fin officielle de la guerre, les monstres responsables des atrocités ont commencé à être poursuivis en justice. Le monde entier était désormais au courant de l'ampleur de l'Holocauste. Pour beaucoup, les procès pour crimes de guerre qui se sont ouverts à l'automne 1945 ont constitué un dénouement satisfaisant, une victoire du bien sur le mal. Jeunes et moins jeunes ont commencé à envisager un avenir plus lumineux. On en avait assez des nuages gris et des ombres.

Quelle tristesse que tant de nos proches – père, mère, frères, sœurs, camarades de classe, amis – n'aient pas pu être témoins des réparations que nous avons obtenues pour les pertes dévastatrices que nous avions subies. Nombre de survivants ont eu droit à un hébergement et à des soins médicaux fournis par des agences de services sociaux. Un programme d'aide géré par l'Administration des Nations unies pour le secours et la reconstruction (*United Nations Relief and Rehabilitation Administration*) a été mis sur pied, procurant vivres et abris aux innombrables réfugiés qui n'avaient nulle part où aller.

Lentement, les survivants ont commencé à se réinstaller. Un vaste mouvement de migration a eu lieu. Beaucoup de gens se déplaçaient dans différentes parties du monde, beaucoup ont retrouvé des êtres chers, beaucoup ont fait de nouvelles connaissances dans de nouveaux lieux. Seul un bouleversement d'importance peut engendrer un tel flux migratoire. Et la Deuxième Guerre mondiale a justement été un tel cataclysme.

Arthur et moi nous sommes mariés à Humenné le 30 juillet 1945. Pour notre lune de miel, nous avons passé quelques jours de repos bien mérité dans un centre de villégiature des Hautes Tatras, les Alpes slovaques. Un soir que nous nous trouvions au centre récréatif de l'endroit, nous avons rencontré une jeune femme. Le malheur se lisait sur son visage, et il n'y avait rien de jeune dans son allure. Elle s'appelait Marta. Arrivée la veille, elle était venue au centre pour tenter de récupérer des forces. La tragédie qui s'était abattue sur elle était survenue moins de deux mois après la fin de la guerre. Nous espérions que son histoire serait l'un des derniers récits déchirants que nous entendrions.

Au lendemain du conflit, après avoir survécu à la « marche de la mort » qui avait suivi l'évacuation d'Auschwitz, Marta et quatre autres jeunes femmes (ses sœurs et ses cousines) avaient tenté de regagner l'est de la Tchécoslovaquie. Elles avaient beaucoup de chemin à parcourir et utilisaient tous les moyens de transport possibles, surtout le train. Cependant, en dépit du rétablissement des services ferroviaires, le système demeurait chaotique et inefficace, et les jeunes femmes se retrouvaient parfois dans un train qui restait en gare une journée entière. À cette époque, les moyens de transport étaient en effet essentiellement réservés au démantèlement de la machine de guerre.

Mais elles ont fini par arriver à destination, dans leur village, et se sont empressées de rentrer chez elles. De nombreux amis et voisins se sont alors rassemblés devant la maison, riant, pleurant, évoquant des souvenirs. Une fois à l'intérieur, elles ont toutefois constaté que presque tout le mobilier avait été saccagé. La maison était en ruine. Il ne restait que quelques ustensiles de cuisine. Heureusement, deux lits placés côte à côte pouvaient leur permettre de se coucher.

Elles ont commencé à discuter de leur avenir : que faire, où aller, comment contacter les membres de la famille à l'étranger ? Elles étaient si jeunes et leurs parents n'étaient plus là. Assises sur les lits, elles s'échangeaient leurs histoires respectives, certaines déjà racontées à maintes reprises. Les yeux et les oreilles grands ouverts, elles riaient et pleuraient en même temps. Portées par l'enthousiasme de leur jeunesse, elles étaient sûres de pouvoir se rétablir complètement et prendre un nouveau départ.

Le lendemain, elles ont passé la journée à parler de leur enfance, à se remémorer leur vie avec leurs parents, leurs frères et leurs sœurs – cette vie rurale ardue rythmée par le Shabbat hebdomadaire, un jour de paix et de prières. Pour elles, c'était l'amour et les liens étroits qui unissaient leur famille qui avaient permis d'adoucir cette existence difficile.

Chaque nuit, les cinq jeunes filles s'installaient différemment pour dormir. Il n'était pas aisé de s'allonger à cinq dans deux lits collés l'un à l'autre, mais elles avaient fini par découvrir qu'elles se sentaient plus à l'aise quand la plus petite d'entre elles dormait la tête au pied du lit. C'était Marta qui dormait ainsi, entièrement recouverte par l'édredon malgré la chaleur ambiante. Un soir, un bruit l'a réveillée. Sans trop savoir ce qu'elle venait d'entendre, elle s'est tout de même figée. Soudain, deux hommes ivres et armés ont forcé la porte d'entrée et ont fait irruption dans la pièce.

Ils ont immédiatement aperçu les quatre jeunes femmes dans les lits. Sans se douter qu'il y en avait une cinquième sous l'édredon, ils ont lancé leurs pistolets et les couvertures par-dessus Marta et ont entrepris de violer les quatre autres. Quand ils ont eu terminé, ils se sont mis à tirer dans toutes les directions, même au plafond, puis sont repartis aussi vite qu'ils étaient arrivés.

Un long moment s'est écoulé dans un silence assourdissant. Marta nous a dit qu'elle ignorait combien de temps elle était restée immobile, n'osant pas faire un geste. Puis, sentant les corps froids qui gisaient à côté d'elle, elle a sauté du lit. Couverte de sang, elle n'avait pourtant pas l'impression d'avoir été blessée – elle avait échappé aux balles. Alors, elle s'est évanouie.

Elle s'est réveillée à l'hôpital. Prenant conscience de ce qui s'était passé, elle a voulu fuir. Elle se demandait quelles brutes sauvages avaient perpétré ce crime. Ces hommes seraient-ils arrêtés et punis ? Qu'était-il advenu des corps de ses sœurs et de ses cousines ? Ces questions lui martelaient l'esprit, mais elle ne parvenait pas à les exprimer.

Marta et sa famille n'ont pas été les seules à être attaquées cette nuit-là : dix-huit survivants juifs ont perdu la vie aux mains d'une bande d'ivrognes qui avaient rassemblé les hommes, violé les femmes, puis tué tout le monde. Marta se rendait compte qu'elle venait d'échapper à la mort une seconde fois. Par miracle, les balles ne l'avaient pas atteinte, mais son âme était touchée. Et il lui serait impossible de guérir de cette blessure.

Les gens disaient que cette attaque tout aussi brutale que lâche avait été l'œuvre des *banderowcy*, des partisans de Stepan Bandera. Apparemment, il s'agissait principalement de déserteurs de l'armée et de nationalistes ukrainiens – des désaxés qui s'enivraient régulièrement et menaient des attaques au beau milieu de la nuit. Pendant environ six mois, au lendemain de la guerre, les *banderowcy* ont terrorisé le sud-est de la Pologne, l'Ukraine et les régions situées aux abords des Carpates, dans la Tchécoslovaquie orientale. Ils ne s'en prenaient qu'aux Juifs qui avaient survécu aux camps.

~

À Bratislava, Arthur et moi avons commencé à construire une nouvelle vie sur les vestiges de notre ancien monde brisé, et à fonder une famille. Cette nouvelle existence est venue avec son lot de défis quotidiens : dénicher un endroit correct où vivre, trouver un emploi et, surtout, élever nos quatre enfants, Tamara, Paul, Michael et Matthew, nés respectivement en 1946, 1948, 1950 et 1953. Au moment du coup d'État communiste en 1948, nous ne nous sommes pas inquiétés outre mesure : nous avions été libérés par les Soviétiques et nous avions l'impression que le pire était derrière nous. Qui plus est, nous travaillions tous les deux et nous parvenions à subvenir à nos besoins de base. J'étais employée de bureau à la Société technique et scientifique, dans le service du génie civil. Quant à Arthur, après avoir occupé des emplois de journaliste puis de bibliothécaire, il était devenu chercheur dans un organisme chargé de la gestion de l'eau.

En 1958, une nouvelle dactylo du nom de Jana a été engagée dans mon service. Il s'agissait de son tout premier emploi, mais elle était très compétente. D'un abord agréable, elle était également intéressante, elle apprenait vite. Elle s'est intégrée rapidement à l'équipe. Avec son teint de porcelaine et ses cheveux bruns ondulés, elle était jolie malgré la longue cicatrice qui lui traversait le front jusqu'à l'arête du nez. Elle avait beau porter une frange, la marque, qui semblait ancienne, était visible la plupart du temps, car ses cheveux rebelles ne tenaient pas en place.

Avec le temps, j'ai fini par apprendre que Jana était mariée à un médecin et que le couple, heureux en ménage, avait deux jeunes enfants. Malgré notre différence d'âge – elle avait 25 ans à son arrivée au bureau –, nous avons tissé des liens d'amitié. Nous ne manquions jamais de sujets de conversations, abordant aussi bien la politique que la cuisine, nos enfants ou notre santé, et nous échangions toutes sortes de petits potins inoffensifs. Mais ses enfants mis à part, Jana mentionnait rarement sa vie privée et n'évoquait jamais le passé. Respectant son choix, je m'abstenais de poser des questions indiscrètes. Jana est demeurée au service du génie civil durant un peu plus d'une année.

Près de 30 ans plus tard, en 1988, Arthur et moi avons fait une croisière en Méditerranée, offerte par nos quatre enfants. Au quatrième jour du voyage, alors que je me promenais sur le pont, à mon grand étonnement, je suis tombée sur Jana, mon ancienne collègue et amie. Malgré le passage des ans qui se voyait sur nos visages, nous nous sommes reconnues immédiatement, heureuses que le hasard nous ait de nouveau réunies. Le monde est bien petit, comme on dit.

Jana était seule à bord, mais j'ai appris qu'elle et son mari vivaient à Toronto, non loin de chez nous. Ses enfants s'étaient installés en périphérie de la ville. Il s'est avéré aussi que Jana venait juste de finir un séjour en hôpital psychiatrique. J'ai été très troublée par cette révélation, mais j'ai tenté de n'en rien laisser voir. Elle semblait aller bien, mais elle continuait à prendre des médicaments. Plus tard, à la faveur du soir, elle m'a raconté son histoire plus en détail.

La mer était calme et un vent léger nous caressait le visage quand elle a entrepris de se confier à moi. Petit à petit, au fil de nos rencontres les soirs suivants, elle m'a expliqué ce qui lui était arrivé. Son récit coulait de lui-même, sans que j'aie à intervenir. J'espère que le fait d'évoquer ses expériences ici ne lui infligera nulle souffrance supplémentaire.

Jana m'a parlé longuement de son enfance en Slovaquie, de ces années passées avec ses parents, son frère et sa tante paternelle, qui jouerait un rôle important dans la vie des deux enfants. Son père et sa tante avaient hérité de la maison dans laquelle ils vivaient. Comme la source du revenu familial provenait d'un commerce situé dans une ville voisine, les parents quittaient la maison tôt le matin pour aller travailler et rentraient tard le soir, laissant les enfants aux bons soins de leur tante. La famille menait une vie sans surprise, typique de l'époque.

En 1942, alors que Jana avait 9 ans, les nazis ont forcé la fermeture de leur commerce et la vie de la famille a changé radicalement. Les mesures restrictives ont touché tous les aspects de leur existence : école, travail, déplacements. Elle n'avait pas besoin d'en dire davantage, car j'avais moi-même vécu tout cela. Lorsque les déportations ont commencé, la famille a discuté de la situation, mais ne s'entendait pas sur les moyens d'assurer leur survie. Les parents de Jana croyaient qu'il n'y avait rien d'autre à faire que de rejoindre les convois. La tante a choisi de rester sur place avec les enfants et de se cacher. Comment faire le bon choix ? Personne n'était en mesure de prédire ce qui allait se passer.

Le jour où la Garde de Hlinka a commencé à rassembler les gens pour les conduire au train de déportation, les parents de Jana attendaient sous le porche. Ils ont été emmenés à Auschwitz, tandis que les trois autres membres de la famille avaient trouvé refuge dans une petite pièce du sous-sol. La tante de Jana s'était préparée en faisant des provisions de farine, de maïs, d'huile, de sucre et de pommes de terre. Ils disposaient également d'un réchaud et de deux canapés, ce qui suffisait à leurs besoins. Le manque de ventilation constituait néanmoins un problème de taille et les obligeait à ouvrir les portes la nuit pour avoir un peu d'air. Mais le jour, lorsque la porte de leur cachette était fermée, l'accès était bien camouflé. Selon eux, personne ne pouvait se douter qu'il y avait une entrée dans le mur se trouvant derrière la cuisine. Ils s'efforçaient aussi de limiter l'utilisation d'électricité au strict minimum.

Au bout d'un mois, deux membres de la Garde Hlinka ont défoncé la porte d'entrée de la maison, alors que le frère de Jana se trouvait au premier et qu'il avait laissé la porte de leur cachette ouverte. Ils ont été arrêtés tous les trois. C'était la mi-septembre. Jana se souvenait que les jours raccourcissaient. Ils ont été emmenés tard dans l'après-midi – il commençait déjà à faire noir – et sont montés dans un camion avec une vingtaine d'autres personnes, dont certaines étaient des connaissances. Non loin de la ville, ils ont été sommés de descendre du camion à l'orée d'un petit bois où d'autres gens étaient rassemblés.

Puis la foule a été entraînée plus avant dans le bois, derrière les grands pins. Jana connaissait l'endroit pour s'y être souvent rendue l'été lors d'excursions. Mais le paysage avait changé. Devant eux se trouvait une clairière avec en son centre une fosse étroite et profonde, fraîchement creusée. On leur a ordonné de faire face à la fosse. Jana, 9 ans à peine, ignorait ce qui allait se passer. Sa tante en revanche le savait très bien et elle a aussitôt tiré sa nièce devant elle de façon à cacher la petite fille si menue de son corps ample. Jana m'a raconté qu'elle tenait la main de son frère, qui se trouvait à leur gauche. Le soleil était presque couché quand la fusillade a commencé.

Jana a dû demeurer inconsciente un bon moment ; elle ne savait pas combien de temps elle avait passé étendue sous le cadavre de sa tante. Elle a eu bien du mal à poursuivre son récit. Elle s'est tue quelques instants pour se ressaisir, puis elle m'a expliqué qu'elle avait su d'instinct qu'il lui fallait rester immobile. Elle a ensuite entendu deux hommes qui criaient : ils devaient recouvrir les cadavres, mais ne trouvaient pas de pelles. Se rendant compte que les outils devaient avoir été oubliés au fond de la fosse, ils ont décidé de retourner en ville en chercher d'autres.

Jana a compris qu'elle devait saisir sa chance. Les deux hommes partis, il régnait un silence inquiétant. Mon amie m'a dit alors : « Comment ai-je pu trouver la force de m'extirper de ce trou, avec ces corps encore chauds sur moi ? Cela dépasse encore aujourd'hui mon entendement. » L'instinct de survie est vraiment très puissant.

C'est alors que j'ai interrompu Jana pour lui demander d'où provenait cette cicatrice qu'elle avait sur le front. Elle m'a raconté que lorsqu'elle avait réussi à sortir de la fosse, elle s'était relevée, mais que prise de tremblements, elle était tombée en se heurtant le crâne sur la lame d'une tronçonneuse. La tête en sang, elle s'était mise à courir à toutes jambes. Sans trop savoir comment, elle avait atteint la lisière de la forêt et avait continué à s'enfuir le long de la route, en pleine nuit, dans un état de folle panique. Une enfant de son âge n'aurait jamais dû se trouver en pareille situation.

En bordure de la ville, elle s'est arrêtée devant la première maison qui est apparue. Elle se souvenait avoir pensé qu'elle n'en connaissait pas les habitants. Un chien s'est mis à aboyer, puis un homme est sorti de la maison. Après avoir examiné Jana, il l'a prise dans ses bras. Se sentant aussitôt en sécurité, elle s'est endormie. À ses yeux, l'homme et la femme qui l'ont sauvée étaient des « anges venus du ciel ». Ce couple sans enfant vivait modestement, mais a partagé tout ce qu'il avait avec elle. Par pure humanité, ces gens ont décidé de sauver cette petite fille de la tourmente de leur époque. Les mois ont passé, Jana s'est remise et a commencé à se sentir de plus en plus proche de ses bienfaiteurs. Ils ont fini par devenir ses parents adoptifs et l'ont aidée à survivre à la guerre. Ses propres parents ne sont jamais revenus.

Elle m'a confié que les horreurs qu'elle avait vécues l'avaient brisée. Durant presque toute sa vie adulte, elle avait dû avoir recours aux médicaments pour l'aider à fonctionner normalement. J'ai eu le sentiment qu'elle avait besoin de raconter son histoire. Je me suis sentie privilégiée d'être la première personne à l'entendre, espérant qu'elle puisse enfin être libérée de son fardeau. Au moment de nous quitter, Jana a déclaré que cette croisière avait été très réussie. J'en étais heureuse. Se sentir mieux, voilà bien le but des vacances.

En évoquant l'histoire de Jana avec ma famille des années plus tard, je me suis dit qu'il n'y avait aucune autre manière de voir les choses : la survie de mon amie tenait du miracle !

~

Bien des années après la guerre, en 1963, j'ai eu la possibilité de répondre à la générosité des Rokov – le couple qui m'avait cachée dans leur cave à l'époque des déportations. Je n'étais pas à la recherche d'un moyen de m'acquitter de vieilles dettes, mais l'occasion s'est présentée d'elle-même l'année où notre aînée, Tamara, terminait ses études secondaires.

À cette étape de leur parcours scolaire, Tamara et ses camarades de classe préparaient leurs examens finaux et les demandes d'admission à l'université – une période stressante tant pour eux que pour leurs familles. Ayant été membre bénévole de l'association des parents d'élèves tout au long de la scolarité de mes enfants, j'avais été choisie pour représenter les parents de la classe de ma fille. À ce titre, je devais faire partie de divers comités, dont celui qui avait pour tâche de rédiger des lettres d'appui pour les élèves sollicitant une admission à l'université. Ce comité réunissait les professeurs des quatre classes de dernière année, le principal de l'école, un représentant du conseil scolaire, le représentant du secrétaire à l'Éducation du Parti communiste, des représentants du syndicat de l'Éducation et quatre parents d'élèves, un pour chacune des classes.

Ce travail n'avait rien de plaisant. Je devais participer à des délibérations qui affecteraient l'avenir de ces élèves, dont certains m'étaient inconnus. Si le dossier était simple et allait de soi, je donnais mon approbation d'un hochement de tête. Mais, parfois, les choses n'étaient pas aussi évidentes. En effet, les discussions portaient non seulement sur les résultats scolaires de l'élève, mais aussi sur les origines, le statut et les tendances politiques de ses parents. Pour chaque famille, nous devions examiner ses activités durant la guerre, déterminer si elle était issue d'un milieu « bourgeois » et identifier ses associations politiques après la guerre.

Le statut social passé des parents constituait un critère décisif. Le régime communiste accordait énormément d'importance au fait d'appartenir à la « bonne » classe sociale. Il n'y avait pas pire aux yeux du comité qu'une famille issue de la classe moyenne qui avait possédé une maison ou tout autre type de propriété et qui avait connu du succès en affaires. Par contre, plus la famille se rapprochait des milieux populaires, plus l'élève avait de chances de voir sa candidature appuyée, et ce, indépendamment de ses résultats scolaires. En outre, si certains membres de la famille avaient mené des activités criminelles durant la guerre, le comité ne voyait pas le dossier de l'élève d'un œil favorable. Comme peu de gens pouvaient prétendre être issus d'un milieu purement ouvrier et se targuer d'avoir eu un comportement irréprochable durant la guerre, la plupart des familles préféraient rester discrètes sur leur passé. En plus d'obtenir de bonnes notes, avoir des parents membres du Parti communiste aidait considérablement. Dans un souci d'équité envers les élèves, le comité examinait tous les faits et, au besoin, tentait de présenter leur cas sous le meilleur jour possible.

Un jour, j'ai eu la surprise de recevoir un appel de la fille des Rokov. À ma connaissance, elle ne savait toujours pas dans quelle mesure ses parents m'avaient aidée. Nous nous étions croisées une ou deux fois auparavant dans les rues de Bratislava (où elle s'était également installée) et nous avions bavardé un moment avant de poursuivre notre chemin. Or, voilà qu'elle m'invitait maintenant à lui rendre visite, mentionnant au passage que nos enfants étaient camarades de classe. Je ne m'en étais pas rendu compte, car son fils portait le nom de son père et que ni l'un ni l'autre ne faisait partie de l'association des parents. La fille des Rokov se montrait particulièrement gentille avec moi, une attitude que j'attribuais à sa peur probable de voir son fils exclu de l'université en raison de l'affiliation de son mari au parti fasciste durant la guerre. À cette époque, beaucoup de gens craignaient que certains renseignements concernant leurs activités durant le conflit ne soient révélés par d'anciennes connaissances. La raison de son appel ne faisait aucun doute : elle avait besoin de mon aide.

Les membres du comité n'avaient pas le droit de consulter individuellement les dossiers des élèves, mais je savais que les notes du fils n'étaient pas suffisantes et que le passé de ses parents ferait également obstacle. Je ne pouvais rien faire tant que le comité n'avait pas commencé l'examen de son cas. Entre-temps, sa mère et moi avions eu plusieurs conversations téléphoniques. Chose certaine, je savais que je n'hésiterais pas à soutenir la candidature de ce garçon.

Le moment venu, j'ai exprimé sans détour ma conviction quant aux possibilités d'amélioration du rendement scolaire du jeune homme. J'ai indiqué qu'à mon sens, il se révélerait un atout pour l'école. Ses résultats, bien que moyens, indiquaient qu'il n'était pas une cause perdue. Quant au passé politique de son père, j'ai expliqué que ce dernier avait été un membre inactif du Parti de Hlinka et que c'est seulement dans l'espoir d'obtenir un poste d'avocat qu'il s'y était inscrit. J'ai également fait l'éloge de la famille en disant que le monde aurait gagné à ce que plus de gens se comportent de façon aussi admirable. En terminant, j'ai vivement recommandé que le comité appuie la demande d'admission du jeune homme à l'une des universités de son choix.

Grâce à mes efforts, le petit-fils des Rokov a reçu une recommandation favorable à sa demande d'admission à la faculté de médecine. Et le comité n'a jamais rien su de la dette dont je venais ainsi de m'acquitter.

~

À Bratislava, nous avons continué de nous faire de nouveaux amis et étions aussi toujours heureux de retrouver d'anciennes connaissances. Nous avons notamment revu Martin Ladder. La famille Ladder avait de profondes racines à Humenné. Martin était le plus âgé des fils survivants. Marié et père de deux enfants, il occupait de hautes fonctions au ministère provincial de l'Agriculture (*Povereníctvo poľnohospodárstva*). Son frère cadet s'était installé à Prague, la capitale, à quelque 400 kilomètres de Bratislava. Leur seule sœur survivante et son mari habitaient tout à l'est du pays, où ils menaient une existence très paisible.

Avant la guerre, les Ladder, une famille riche et bien établie, appartenaient à la classe supérieure de la société juive. Ils possédaient une maison bien située sur la rue principale. Les huit membres du clan demeuraient au premier, tandis que leur boutique de tissus se trouvait au rez-de-chaussée. Leur entreprise avait été prospère au début des années 1920, mais la Grande Dépression les avait frappés de plein fouet. Ils ne s'en étaient jamais remis complètement. Ils avaient certes réussi à dissimuler leurs problèmes pendant un certain temps, mais les profits du commerce s'étaient bientôt révélés insuffisants pour maintenir le niveau de vie de cette famille nombreuse. Les temps étaient difficiles pour tout le monde et particulièrement pour les Juifs. Les signes avant-coureurs des événements sans précédent qui allaient nous frapper se manifestaient partout.

Dans les années 1930, les trois plus jeunes enfants Ladder n'avaient pas dépassé l'adolescence. L'aînée des filles, Bella avait atteint la trentaine, mais était encore célibataire. Tout le monde s'accordait pour dire qu'elle était tout aussi jolie et intelligente que gentille et distinguée. Comme les membres de sa famille souhaitaient lui trouver un mari, ils se sont réjouis de l'entrée en scène d'un partenaire potentiel, veuf et père de deux petites filles. Il s'agissait d'un riche homme d'affaires dont la jeune femme venait de mourir au terme d'une maladie. Dans leur entourage, on pensait que cette union d'une famille établie de longue date avec de « l'argent neuf » était avantageuse pour les deux partis. Comme d'habitude, on avait prévu une dot. Bien avant les fiançailles de leur fille aînée, les Ladder avaient décidé que leur piano – leur fierté – lui reviendrait. Symbole de leur ancienne richesse économique et culturelle, l'instrument représentait tant de choses pour eux !

La belle musique qui s'échappait des fenêtres ouvertes de la maison des nouveaux mariés faisait le bonheur des voisins. Ils en étaient même venus à attendre avec impatience les récitals que Bella leur donnait à entendre l'après-midi. Au bout d'un certain temps toutefois, les récitals ont commencé à s'espacer et les voisins ont vite appris que Bella était enceinte et qu'elle vivait une grossesse difficile. Après la naissance de sa fille, toute la petite famille s'est affairée joyeusement autour du nouveau bébé, dont le landau bleu marine ne passait pas inaperçu dans la rue principale. Mais, pendant que Bella vivait son nouveau bonheur familial, la guerre ainsi que la persécution et le génocide des Juifs se sont intensifiés. Bientôt, tous les membres de la famille élargie ont quitté Humenné pour aller se cacher ensemble. Alors que nous luttions tous pour notre survie, nos chemins ont pris des directions différentes et je les ai perdus de vue.

C'est au lendemain de la guerre que j'ai appris ce qu'il était advenu des Ladder, quand les survivants ont commencé à se rencontrer dans notre ville natale pour échanger entre eux les histoires horribles ou miraculeuses qu'ils connaissaient. Tous les membres de la famille élargie – à l'exception de trois des enfants qui s'étaient enfuis ailleurs en Slovaquie – ont été tués lors d'un impitoyable bombardement allemand au moment où ils attendaient un train dans une gare bondée de civils. Apparemment, ils avaient tous péri et, parmi les débris qui jonchaient la gare, se trouvaient les fragments d'un landau bleu marine.

Je n'ai jamais su à qui le piano avait été confié durant la guerre ni comment il avait abouti dans l'appartement de Martin Ladder à Bratislava. Quand j'ai vu l'instrument, il était en parfait état. Il avait traversé le conflit sans une seule égratignure comme s'il avait été le témoin d'une époque pacifique. Majestueux comme toujours, recouvert d'une gigantesque housse piquée, il rehaussait l'aspect du salon.

Au début des années 1950, j'ai appris que Martin allait, de façon inattendue, être muté dans l'est du pays. Nous nous sommes interrogés sur les raisons de cette nouvelle affectation de poste, mais chose certaine, ce déménagement n'avait rien de volontaire. C'est alors que la femme de Martin est venue me voir pour me dire qu'aucun des autres enfants Ladder ne souhaitaient avoir le piano. Peut-être que l'instrument les renvoyait à un passé douloureux, peut-être qu'ils n'avaient tout simplement pas assez de place pour le prendre ou que le déménager était trop compliqué. Quoi qu'il en soit, on nous a offert de veiller sur le piano jusqu'à ce que les Ladder soient en mesure de le récupérer. On l'a donc installé chez nous et nos enfants ont pu s'en servir pendant les 15 années suivantes, jusqu'à notre départ de Tchécoslovaquie. Bien qu'il ne nous ait jamais appartenu en propre, le piano est devenu l'un de nos biens les plus précieux.

Nos enfants se souviennent encore du piano de leur enfance. Je revois très bien moi-même l'imposant instrument trônant dans notre grand salon à Bratislava, face à la fenêtre. Il s'agissait d'un demi-queue en ébène laquée provenant de la maison Förster, le meilleur facteur de pianos de l'époque dans cette partie de l'Europe. Nous n'avons eu à le faire accorder qu'une seule fois durant toutes ces années. Nous évitions de penser que nous n'en avions que la garde temporaire. Nous ignorions combien de temps nous pourrions en profiter, car nous n'avons jamais osé poser la question. Nous avons donc fini par tenir pour acquise sa présence chez nous et par considérer qu'il nous appartenait.

Le 20 août 1968, les Soviétiques ont envahi la Tchécoslovaquie. Dès l'entrée des chars, nous avons décidé de quitter le pays où reposaient nos ancêtres, le pays où nous étions nés. Il était temps de faire nos bagages et de fuir encore une fois. Il nous faudrait tout laisser y compris, bien sûr, le piano. Au moment de nous en séparer, nous avons eu le sentiment d'abandonner un membre de notre famille, un être cher. La musique qu'il nous avait permis de faire et d'entendre avait joué un rôle important dans la vie de nos enfants et dans celle de ses légitimes propriétaires. Je m'inquiétais de savoir qui prendrait soin d'en lustrer l'ébène polie et de nettoyer ses touches d'ivoire. Mais je n'avais pas d'autre choix que de fermer la porte et de partir.

Une fois au Canada, je me suis souvent demandé ce qu'il était advenu de notre beau piano. J'ai fini par apprendre qu'une famille s'était installée dans notre appartement entièrement meublé où l'instrument se trouvait encore. Laisser ce piano tomber aux mains d'inconnus a représenté un immense sacrifice pour moi. L'instabilité ayant persisté en Tchécoslovaquie, ces gens ont fini par déménager quelques années plus tard en laissant l'appartement vide. Ils sont partis sans laisser de trace, emportant avec eux notre cher piano. Je ne saurai probablement jamais s'il existe encore ni quelles vies il égaie aujourd'hui.

Notre vie au Canada

Jusqu'en 1968, nous avons vécu et élevé nos enfants sous un régime communiste. Étant donné que toute forme d'identification à une race, à une ethnie ou à une religion était découragée, nous n'affichions pas fièrement notre judéité. Nous ne la cachions pas pour autant – nos enfants ont toujours su qui ils étaient… même s'ils ne pratiquaient pas leur religion, car nous ne leur avons pas donné d'éducation juive. Nous aurions peut-être pu le faire, mais nous ne tenions pas à attirer l'attention sur notre famille. La meilleure stratégie consistait à ne pas claironner nos origines car, en vertu d'une loi tacite, nous étions censés être assimilés.

En 1957, mon fils Michael et son ami, qui avaient environ 7 ans à l'époque, ont annoncé à leurs camarades de classe qu'ils étaient juifs, mais leur ont demandé d'en garder le secret. Les autres enfants ne savaient pas du tout ce qu'ils entendaient par là ni ce qu'une telle révélation pouvait bien signifier. Michael devait faire suffisamment confiance à ses camarades pour décider de leur révéler ce fait, mais il comprenait également qu'être juif n'était pas tout à fait avouable et probablement pas bien vu.

À l'automne 1968, une semaine après l'arrivée des troupes soviétiques en Tchécoslovaquie, nous avons pris la fuite à destination de Vienne, la métropole non communiste la plus proche. Les frères d'Arthur et leurs familles se trouvaient aussi avec nous. Emportant très peu de bagages, nous nous sommes rendus à la gare où nous avons annoncé au contrôleur que nous ne comptions effectuer qu'un court séjour. Nous sommes arrivés à Vienne deux semaines avant *Rosh Hashanah* (le Nouvel An juif marquant le début des Grandes Fêtes). N'ayant pas l'habitude de fréquenter les lieux de culte, nous avons bavardé avec des amis en face du centre communautaire juif situé à proximité d'une synagogue où, en ce bel après-midi de septembre, beaucoup d'hommes prenaient une pause à l'extérieur. Ils étaient tous coiffés d'une kippa (la calotte portée par les Juifs pratiquants). Ayant grandi en Tchécoslovaquie communiste, mes enfants n'avaient jamais croisé d'hommes portant un chapeau ou une kippa. Je me souviens encore parfaitement de ce jour où ils ont vu pour la première fois des Juifs pratiquer leur religion ouvertement. Matthew, le benjamin, qui avait une quinzaine d'années à l'époque, les fixait du regard, étonné de voir réunis en un seul endroit tant d'hommes « chauves » munis d'un couvre-chef ! Il ignorait totalement que les Juifs se couvraient la tête en signe de respect envers Dieu et non pas pour camoufler leur crâne dégarni.

Nous avons passé environ six semaines à Vienne. Il n'a pas été facile de décider de notre prochaine destination. Chose certaine, Arthur et ses frères souhaitaient demeurer ensemble. Après avoir vécu la séparation et tant d'expériences horribles, ils sont toujours restés proches. Nous avons alors discuté différentes possibilités d'immigration, préférant des lieux où nous connaissions des gens, puis nous avons choisi d'aller au Canada pour construire un avenir nouveau dans un pays démocratique. Le Canada avait ouvert ses frontières aux réfugiés tchécoslovaques, et en 1968 et 1969, près de 21 000 Tchèques et Slovaques sont venus s'y installer.

Nous sommes arrivés à Toronto le 24 octobre 1968. En tant que nouveaux arrivants, nous avons connu maintes difficultés au début et il a fallu des années avant que nous n'ayons véritablement pris nos marques. Mais, au fil du temps, le Canada est devenu notre patrie, et nous souhaitions être considérés comme de bons et loyaux citoyens.

Je me souviens des nombreuses fois où, de retour à Toronto à la suite d'un voyage, j'ai éprouvé du bonheur en apercevant la ville apparaître au loin. Oui, cette ville était bien la nôtre ! Quel plaisir d'être de retour chez soi !

Les premières années, nous avons été très occupés à reconstruire notre vie. Nous avions bien fait de quitter notre pays d'origine, où la population devait se soumettre au joug de l'occupation « amicale » de l'armée soviétique. Après avoir suivi des cours de comptabilité durant un an, j'ai été engagée chez *Jutan International* où j'ai travaillé durant près de vingt-trois ans. Arthur, pour sa part, a été embauché à la Section des ressources en eau du ministère de l'Environnement de l'Ontario. Je partageais mon temps entre ma vie familiale et ma vie professionnelle. Nous étions tous ensemble, les deux frères d'Arthur, leurs familles et nous, et nous étions heureux. Puis, grâce à Dieu, notre famille immédiate, qui comptait six personnes au départ, s'est agrandie : nous sommes maintenant dix-huit !

Au Canada, mes enfants ont mieux compris ce que cela signifiait d'être juif. Bien que nous puissions pratiquer notre judaïsme en toute liberté, comme mon père avait pu le faire avant l'invasion des nazis, les coutumes en Amérique différaient de celles qu'avait connues ma famille en Slovaquie. Mon père, un Juif pratiquant qui avait vécu toute sa vie selon les préceptes de la *Halakhah* (la loi juive), n'avait jamais possédé ni même porté une kippa – il gardait néanmoins toujours son chapeau dans la synagogue. Ici, en Amérique du Nord, j'ai surtout vu des kippas.

Une fois adultes, nos enfants ont tous étudié le judaïsme, mais en s'y investissant à différents degrés. Ils sont tous pratiquants et transmettent les traditions à leurs propres enfants. En 1996, près de quarante ans après les révélations faites par Michael sur sa judéité à ses camarades de classe, Arthur et moi sommes allés assister à la *bar mitsvah* de David, son fils et notre petit-fils. Pour l'occasion, nous nous sommes rendus au Connecticut où Michael habite avec sa famille. Nous sommes toujours heureux de rendre visite à nos enfants et à leurs familles et nous sommes très fiers de constater à quel point ils ont réussi leur vie.

Lors de ce séjour, toute notre attention était évidemment concentrée sur la préparation de la *bar mitsvah*. Mon fils se réjouissait d'avoir pensé à utiliser pour l'occasion ce qu'il appelait « notre » rouleau de la Torah. Quand nous lui avons demandé ce qu'il entendait par « notre » rouleau, il nous a montré une Torah recouverte d'une housse de velours lilas, dont l'une des poignées de bois portait une plaque sur laquelle on pouvait lire : « No. 207, Czech Memorial Scrolls, Westminster Synagogue, London UK 1964–5724 ». Nous étions ébahis ! Je n'avais jamais entendu parler de ces rouleaux tchèques auparavant.

Michael nous a alors raconté toute l'histoire, qui remontait à plus de cinquante ans, c'est-à-dire au temps du Protectorat de Bohême-Moravie (la partie de la Tchécoslovaquie occupée par les nazis). En 1942, lorsque les nazis se trouvaient au sommet de leur puissance et qu'ils entendaient bien effacer l'existence des Juifs, ils se sont mis à rassembler divers objets à caractère religieux – des biens spoliés – pour faire du Musée juif de Prague un lieu où seraient exposés les vestiges d'une « race disparue ». Dans ce but, ils ont amassé plus de 1 500 rouleaux de la Torah, dont certains avaient plus de 100 ans d'âge.

Après la guerre, les rouleaux ont été empilés dans une synagogue désaffectée de Prague où ils ont continué à se détériorer jusqu'en 1964. Cette année-là, un groupe de philanthropes juifs britanniques a eu vent de leur existence et les a fait transporter à la synagogue de Westminster, à Londres. Les rouleaux y ont été restaurés dans la mesure du possible, puis distribués à des synagogues et des organismes juifs partout dans le monde.

En 1988, l'un des ces rouleaux s'est retrouvé au *Temple Israel* à Waterbury, au Connecticut. Le rouleau n° 207 provenait de la ville d'Uhlířské Janovice. Les membres de la congrégation considéraient que c'était un honneur d'être les gardiens de cette Torah, que l'on utilisait pour les occasions spéciales. Quelque temps plus tard, le *Temple Israel* a fermé ses portes et l'on a confié le rouleau à Michael.

Mon fils l'avait toujours en sa possession quand est venu le temps d'organiser la *bar mitsvah* de mon petit-fils David. Quelle idée judicieuse, nous en convenions tous, de lui faire lire son extrait de la Torah à partir de ce rouleau !

Posséder ce rouleau tchèque signifiait beaucoup pour Michael et sa famille. Pour nous tous, il s'agissait d'un autre symbole de notre survie et de la continuation de notre patrimoine. La Torah constitue un bien des plus précieux pour les Juifs ; elle nous lie à nos ancêtres. Ces symboles inestimables de notre foi avaient été entassés en vrac par les nazis en vue d'être un jour exposés au public pour témoigner de notre disparition. Or, nous pouvions maintenant célébrer la survie de notre peuple et de notre patrimoine.

Les jours où il nous était impossible d'afficher notre judaïsme sont loin derrière nous. En Amérique du Nord, nous jouissons du droit de vivre notre vie spirituelle en toute liberté. Nous sommes libres d'être qui nous sommes. En dépit d'une éducation juive lacunaire, mes enfants ont choisi tout naturellement de perpétuer l'héritage du judaïsme. Comme le disait ma mère : « Le sang est plus épais que l'eau. »

Beaucoup de temps s'est écoulé depuis notre arrivée au Canada. Arthur, Eman et Victor ont eu le plaisir de passer leur retraite ensemble. Nous avons tous vécu dans la même ville, nous avons vu grandir nos familles respectives. Les frères Sermer ont une relation privilégiée, une relation qui a duré toute une vie. Je suis fière de faire partie de leur famille.

Réflexions

Il m'arrive de peindre à l'occasion et, quand je souhaite exprimer la joie, je me sers généralement de tons pastels – des roses, des blancs ou des jaunes – autant de couleurs qui pour moi évoquent la candeur de la jeunesse, l'éveil de la nature au printemps et l'aube d'un jour nouveau. Je suis fascinée par la façon dont on utilise la couleur, dont on réagit à elle. Pour bien des gens, dont je fais partie, chaque couleur est porteuse d'une symbolique. Voir les choses sous un angle lumineux reflète mon attitude positive à l'égard de la vie. Il faut dire cependant qu'on me trouvera rarement devant mon chevalet les jours où tout me paraît gris.

Un jour que j'assistais à la première exposition d'un jeune artiste slovaque, j'ai reconnu dans ses œuvres les sombres émotions qu'elles exprimaient. Il y avait quelque chose dans son travail qui m'attirait et me troublait tout à la fois. Dans un des tableaux en particulier, les lignes noires, abstraites, qui traversaient la toile horizontalement, verticalement ou de manière circulaire ont capté mon regard. Deux autres peintures donnaient l'impression qu'il s'agissait des deux mêmes personnes se faisant face, mais vues sous un angle différent. J'étais émue, mais ce n'est qu'en lisant les notices descriptives qui les accompagnaient que j'ai pu pleinement saisir ce qui était représenté. Le jeune artiste était l'enfant de victimes de l'Holocauste. Il se sentait seul, ses proches lui manquaient et il était hanté par les souvenirs de son enfance. Son utilisation de la couleur traduisait son état d'esprit – le noir signifiait la nuit, et la nuit signifiait les rêves, des rêves sans doute peuplés d'images sinistres.

Durant la décennie qui a suivi, j'ai observé l'évolution de cet artiste en me rendant de temps à autre à ses expositions. Au fil des ans, j'ai remarqué que son travail suscitait en moi des émotions différentes. Sa palette était devenue progressivement plus lumineuse, reflétant une autre manière d'appréhender la vie. Il me semblait évident que le temps passant, il en était venu à l'envisager de façon plus positive. Bien des années après sa première exposition, j'ai eu le sentiment que son univers s'était éclairci et qu'il vivait dorénavant, je l'espérais du moins, un bonheur tranquille. Comme moi, c'était un survivant.

Et pourtant, je me suis demandé récemment si ces images sombres ne persistaient pas. « Le monde est-il une jungle ou un jardin zoologique ? » me suis-je interrogée. J'ai l'impression d'avoir connu les deux – comme tout le monde, j'imagine. Les animaux pacifiques que Dieu a créés, et qui vivent librement dans la jungle, sont dotés d'un instinct de survie qui les protège des prédateurs. Comment pourraient-ils survivre autrement ? J'imagine qu'il est dans l'ordre naturel des choses que lorsque des bêtes s'attaquent entre elles, cela maintient une distribution équilibrée des espèces. La société humaine reflète-t-elle la vie animale dans la jungle ? Non, je ne crois pas que la nature humaine soit censée être si cruelle. Même dans le monde animal, les prédateurs ne tuent ni par vengeance ni par haine – ils s'attaquent à d'autres créatures pour assurer leur propre survie.

Je crois par ailleurs que vivre en Europe de l'Est sous un régime communiste à la soviétique s'apparente à vivre dans un jardin zoologique. D'une part, les gens sont tenus en captivité mais d'autre part, ils se trouvent à l'abri des mille cruautés de la vie dans la jungle. Mais cette idéologie, en apparence humaniste, est une illusion. Le communisme est né dans un bain de sang au sein d'une société faible et qui n'y était pas préparée. Nourri de fanfares, il s'est démené tout au long de son existence jusqu'au moment où il s'est éteint brutalement. Un nombre incalculable de vies ont été perdues prématurément derrière les barreaux du communisme.

Récemment, par un beau jour de la fin septembre, je suis allée me promener dans un parc tout près de chez moi à Toronto. Le ruisseau qui y coulait entre les grands arbres avait été redessiné par les personnes chargées de l'entretien pour permettre aux animaux de circuler plus librement. Les canards et les oies profitaient de leur nouvel environnement et des repas gratuits que leur lançaient les adultes comme les enfants. Mais jouissant d'un habitat aussi protégé, les oiseaux ont refusé de migrer cet hiver-là et sont morts gelés. Ce n'est pas surprenant. Tenant pour acquis qu'ils seraient nourris en permanence, ils avaient perdu leur instinct migrateur.

Tout comme ces animaux, perdus pour avoir cru à une illusion, nous sommes souvent victimes de systèmes trop protecteurs. Pour ne pas finir gelés, nous devons être en mesure de prendre soin de nous-mêmes, même s'il faut se battre. Ceux d'entre nous qui ont survécu à la fois aux nazis et au régime communiste préfèrent de loin vivre libres, même si la vie n'est pas facile. L'ordre naturel des choses nous enseigne que nous devons nous débrouiller seuls. Les animaux du jardin zoologique sont certes à l'abri, mais ils sont captifs, sans défense et incapables de sentir cette richesse qui fait tout le sel de la vie.

Je crois que la plupart des idéologies et des mouvements qu'a connus l'humanité ont occupé une place bien déterminée dans le cours de l'Histoire. Ils font leur temps, remplissent leur fonction, puis disparaissent de la scène mondiale d'une manière ou d'une autre. Pourtant, le sionisme semble avoir survécu à tous ces courants. Pendant des siècles, il y a toujours eu des Juifs dont l'objectif a été d'établir un État juif en terre d'Israël. Qu'est-ce qui rend le sionisme si unique ? C'est sans doute qu'il trouve sa source dans la Bible et qu'il a été perpétué au fil des millénaires par un peuple dont la propre histoire reflète celle de ce mouvement : une histoire marquée par la création, la destruction et une persévérance acharnée qui lui a permis de survivre. Le mouvement sioniste est fondé sur une promesse que Dieu a faite au peuple juif, et je suis loin de sous-estimer la force que cela donne à cette idéologie.

Voilà peut-être pourquoi le peuple juif a survécu. Il est né d'une promesse de Dieu et a réussi, jusqu'à ce jour, à traverser les périodes prospères de croissance tout comme les temps difficiles de l'exil et de l'oppression. Que nous réserve l'avenir ? Impossible de le dire, bien sûr. Pourtant, je suis convaincue que nous ne vivrons ni dans un système prédateur-proie ni comme les animaux du jardin zoologique. Le courage, la sagesse et quelques miracles assureront notre survie et forgeront notre destin.

Épilogue

Extrait du dvar Torah *prononcé par ma petite-fille Becky Sermer à l'occasion de sa* bat mitsvah *le 23 juin 2003*

J'ai commencé à me préparer à ma *bat mitsvah* comme tout le monde, par l'étude de passages de la Torah et de la *haftarah* et par une réflexion sur les leçons à en tirer. Mais, au fil de mon apprentissage, il m'a été donné d'apprendre beaucoup de choses sur ma propre famille et je me suis rendu compte qu'il y avait un lien entre les deux, puisque d'un côté comme de l'autre, il est question de la manière dont les membres d'une même famille doivent s'entraider et ainsi assurer l'avenir de la génération suivante.

Mon passage de la Torah, *Houkat*, relate des faits qui ont eu lieu au terme des quarante années passées par les Israélites dans le désert, après leur sortie d'Égypte. Moïse, son frère Aaron et leur sœur Myriam ont pour mission de guider leur peuple. Un des rôles principaux de Myriam consiste à trouver de l'eau potable dans les puits situés un peu partout dans le désert. Au début de l'extrait, elle meurt, et les Israélites sont rapidement privés d'eau potable. Ils s'en plaignent à Moïse et à Aaron, qui font appel à Dieu. Dieu dit à Moïse d'ordonner à un rocher de lui donner de l'eau. Mais, contrarié par les plaintes des Israélites, Moïse se met en colère et frappe le rocher au lieu de lui parler. L'eau se met à jaillir. Cependant, mécontent de leur conduite, Dieu punit Moïse et Aaron qui ne pourront pas mener leur peuple en terre d'Israël. Comme Myriam, Aaron et Moïse mourront avant l'entrée des Israélites en Terre promise. Ainsi, aucun des trois chefs n'aura pu assister à la victoire tant espérée, ni en partager la joie.

En étudiant mon passage, j'ai constaté qu'en dépit du rôle primordial que joue Myriam, sa mort n'est évoquée que par une courte phrase, alors que le reste de l'extrait décrit en détail ce qui arrive à Moïse, à Aaron et au peuple d'Israël. J'ai aussi appris que le nom de Myriam ne figurait que onze fois dans toute la Torah, comparée aux centaines d'occurrences du nom de Moïse et de celui d'Aaron. J'en suis restée perplexe, car sans Myriam, les Israélites n'auraient probablement pas survécu. Je ne comprenais pas pourquoi on faisait si peu de cas de sa mort, de la perte que cela représentait. Je me suis demandé si c'est parce que ce sont des hommes qui ont écrit la Torah que l'on y trouve surtout des histoires concernant des hommes et très peu de détails sur ce qui touche Myriam ou les autres femmes.

Au moment où je préparais ma *bat mitsvah*, je lisais également deux ouvrages écrits respectivement par chacune de mes grands-mères quelques années auparavant. Toutes deux survivantes de l'Holocauste, elles y racontent leurs expériences durant la guerre. On peut difficilement imaginer les conditions de vie horribles qu'elles ont connues et les situations terrifiantes auxquelles elles ont fait face. J'ai appris tant de choses que j'ignorais à leur sujet, j'ai découvert à quel point elles avaient été braves et fortes pour survivre ! Je ressens une grande tristesse en songeant aux terribles épreuves qu'elles ont affrontées alors qu'elles étaient si jeunes. Je me dis sans cesse qu'à leur place, je n'aurais jamais pu faire preuve d'autant de courage. Je souhaiterais bien sûr qu'elles n'aient jamais eu à traverser ces temps difficiles, mais je suis fière d'avoir des grands-mères aussi fortes et aussi déterminées à survivre.

Nous ne lirons jamais l'histoire de Myriam telle qu'elle aurait pu elle-même la raconter. J'ai une chance immense que mes grands-mères aient pu écrire leur propre histoire, leur propre exode d'Égypte. J'ai bénéficié de leur courage tout comme de leur volonté d'améliorer leur sort et celui de leur famille. Ma grand-mère Zuzana écrit: « Mon but est d'éclairer celles et ceux qui souhaitent m'écouter et de leur faire voir comment l'espoir a coloré toute ma vie – un espoir qui trouve sa source dans la façon dont je perçois le monde qui m'entoure. [...] Mes expériences m'ont cependant également amenée à croire [...] que l'on doit toujours être prêt à s'aider soi-même. Et Dieu merci, c'est possible dans la plupart des cas. » Ma grand-mère Halina, pour sa part, termine son récit ainsi: « Quand je pense à tous ces enfants innocents qui ont péri sans raison, je songe à mes propres beaux enfants et petits-enfants. J'ai bon espoir qu'ils vivront dans un monde meilleur. »

Grâce à Moïse, à Aaron et à Myriam, les Israélites sont parvenus à atteindre la Terre promise. Les trois chefs se sont bravement sacrifiés pour leur peuple. Ils n'ont jamais connu la joie de vivre en terre d'Israël. Mes grands-parents sont partis d'Europe pour offrir un avenir prometteur à leurs enfants et à leurs petits-enfants. Quand il a emmené sa famille au Canada, mon grand-père Arthur jouissait d'une réputation de scientifique bien établie en Tchécoslovaquie. Il a sacrifié sa carrière pour que ses enfants puissent bâtir la leur dans un monde meilleur et plus libre. Mes grands-parents ont donné priorité aux besoins de leur famille. Ils m'ont enseigné qu'elle est ce qui compte par-dessus tout. Je les remercie pour les marques d'encouragement, de confiance et d'amour qu'ils me témoignent continuellement. Pour moi, ce sont les chefs de notre famille: ils ont fui l'oppression qui les accablait et ont assuré ainsi l'avenir de leurs descendants.

Glossaire

Administration des Nations Unies pour le secours et la reconstruction [en anglais: *United Nations Relief and Rehabilitation Administration* ou UNRRA] L'accord constitutif de l'UNRRA a été signé par 44 pays lors d'une conférence qui s'est tenue le 9 novembre 1943 à Washington. Cette administration a été créée avec deux mandats précis: d'une part, fournir une assistance économique aux nations européennes ayant été occupées par l'Allemagne et, d'autre part, rapatrier et aider les personnes déplacées après la Deuxième Guerre mondiale.

Affaire de Polná [ou Affaire Hilsner] Série de procès antisémites qui se sont déroulés en Bohême contre Leopold Hilsner, un vagabond juif accusé d'avoir assassiné une jeune catholique, Anežka Hrůzová, en 1899 dans le village de Polná. Malgré l'absence de preuves, Hilsner a été reconnu coupable de ce crime, de même que de la mort d'une autre jeune fille survenue deux ans plus tôt. Dans ce dernier cas, la cause du décès n'avait jamais été identifiée et il n'avait même pas été établi qu'un crime avait été effectivement commis. D'abord condamné à la peine de mort, Hilsner a vu sa sentence commuée en prison à vie grâce à l'intervention de Tomáš Masaryk. Il a finalement été gracié après avoir passé 10 ans en prison. L'Affaire Hilsner s'inscrit parmi de nombreux procès antisémites de cette époque qui alléguaient l'existence d'un

« crime rituel », notion absurde selon laquelle les Juifs devaient utiliser le sang d'enfants chrétiens pour préparer les *matsot* consommées durant la Pâque. *Voir aussi Masaryk, Tomáš Garrigue.*

Agoudat Israël [hébreu ; littéralement : Union d'Israël] Organisation politique juive orthodoxe fondée en 1912 et qui a présenté des candidats aux élections polonaises. L'orientation du parti en matières religieuse, sociale et politique était déterminée par un conseil des Sages de la Torah. Au lendemain de la Première Guerre mondiale, le mouvement s'est implanté en Slovaquie où les dirigeants orthodoxes locaux ont pris conscience de la nécessité d'une organisation internationale visant à lutter contre les influences sionistes laïques. Fondé en 1919 comme entité distincte et indépendante de l'organisation mondiale, le mouvement slovaque de l'*Agoudat Israël*, fermement ancré dans les enseignements de la Torah et du Talmud, s'est opposé à l'idée d'une coopération avec d'autres groupes juifs. *Voir aussi Judaïsme orthodoxe.*

Aliyah [hébreu ; littéralement : ascension ; pluriel : *Aliyot*] Terme utilisé par les Juifs et les Israéliens modernes pour parler de l'immigration juive en terre d'Israël. Il renvoie aussi à la « montée » vers l'autel, à la synagogue, pour y lire la Torah.

Antisémitisme Préjugés, discriminations, persécutions ou haine à l'encontre des Juifs, de leurs institutions, de leur culture et de leurs symboles.

Arizátor [slovaque ; littéralement : « aryaniseur » ; pluriel : *Arizátors*] Sous le régime nazi, personne non juive désignée pour gérer une entreprise confisquée à un propriétaire juif.

Auschwitz [allemand ; en polonais : Oświęcim] Ville du sud de la Pologne, située à environ 40 km de Cracovie. Le complexe concentrationnaire, établi à proximité de la ville, a été le plus grand du système nazi. Il comprenait trois camps principaux : Auschwitz I, un camp de travaux forcés construit en mai 1940 ; Auschwitz-Birkenau (Auschwitz II), un camp de la mort construit au début de 1942 ; et Auschwitz-Monowitz ou Buna (Auschwitz III), un camp de travaux forcés construit en octobre 1942. En 1941, Auschwitz servait de site test pour les massacres collectifs à l'aide du gaz mortel Zyklon B. Le complexe d'Auschwitz a été libéré par l'armée soviétique en janvier 1945.

Banderowcy [ukrainien] Terme non officiel désignant les guérillas nationalistes ukrainiennes que dirigeait Stepan Bandera, chef de l'Organisation des nationalistes ukrainiens (OUN) et de sa branche militaire, l'*Ukrainska Povstanska Armiya* (UPA) ou Armée insurrectionnelle ukrainienne (AIU). Beaucoup de ces partisans de Bandera étaient antisémites et ont perpétré des pogroms au lendemain de la guerre. Officiellement démantelée en 1949, l'AIU a néanmoins poursuivi son action localement jusqu'en 1956.

Bar mitsvah, bat mitsvah [hébreu ; littéralement : celui, celle à qui s'appliquent les commandements ; pluriel : *bar* ou *bat mitsvot*] Conformément à la tradition juive, les garçons deviennent à 13 ans religieusement et moralement responsables de leurs actes et sont considérés comme des adultes lors des offices à la synagogue. La *bar mitsvah* est aussi la cérémonie, célébrée à la synagogue, que l'on fait suivre d'une fête familiale marquant l'accession à ce nouveau statut. Traditionnellement, le garçon lit un passage de la Torah et récite les bénédictions lors d'une prière publique. Au cours de la seconde moitié du XXe siècle, les Juifs libéraux ont institué une cérémonie équivalente pour les filles, appelée *bat mitsvah,* qui a lieu à l'âge de 12 ans.

Bené Akiva [hébreu ; littéralement : enfants d'Akiva] Mouvement de jeunesse juif sioniste et orthodoxe fondé à l'initiative du parti *Mizrahi,* en 1929 en Palestine sous mandat britannique et encore présent dans de nombreux pays. Selon sa philosophie, la Torah (ou l'engagement religieux) et la *Avodah* (le travail) vont de pair. Initialement entendu au sens de travail agricole, le concept de la *Avodah* revêt aujourd'hui une signification plus large, celle de l'action favorisant le développement d'Israël en tant qu'État moderne. *Voir aussi Mizrahi.*

Bet midrash [hébreu; littéralement: maison d'étude; en yiddish: *beys midrash*] Centre d'enseignement religieux juif.

Bétar Mouvement de jeunesse juif fondé en 1923 par le leader sioniste révisionniste Zeev Jabotinsky dans le but de promouvoir le développement d'une nouvelle génération de militants sionistes. Le mouvement repose sur les idéaux de courage, de respect de soi, d'entraînement militaire, de défense de la vie et des propriétés juives, ainsi que sur l'établissement de colonies en Israël menant à la création d'un État juif dans la Palestine alors sous mandat britannique. En 1934, le *Bétar* comptait plus de 40 000 membres en Pologne. Pendant les années 1930 et 1940, alors que l'antisémitisme s'intensifiait et que les nazis lançaient leur campagne meurtrière contre les Juifs d'Europe, le *Bétar* a sauvé des milliers de Juifs en organisant une immigration illégale vers la Palestine sous mandat britannique. Le mouvement *Bétar*, aujourd'hui étroitement lié au Likoud, parti de droite israélien, continue à aider les Juifs et à appuyer les activités sionistes dans le monde entier.

Beth Jacob [en hébreu: *Beit Yaakov*; littéralement: maison de Jacob] Mouvement lancé en Pologne en 1917 par la couturière Sarah Schenirer (1883–1935) afin de procurer un enseignement juif orthodoxe officiel aux filles. Bien que les idées de Sarah Schenirer sur l'éducation des jeunes filles aient d'abord suscité la raillerie, l'*Agoudat Israël* a reconnu son initiative en 1919, puis l'a appuyée pleinement en 1923. Au début des années 1930, il existait des écoles Beth Jacob dans plus de 20 villes tchécoslovaques, dont Humenné, de même que partout en Europe. *Voir aussi Agoudat Israël.*

Blockälteste [allemand; littéralement: doyenne du bloc; masculin: *Blockältester*; pluriel: *Blockältesten*] Détenue désignée par les autorités allemandes pour être la chef de baraque. Elle était chargée de faire respecter l'ordre et certains privilèges lui étaient accordés.

Brigades internationales Terme général désignant les unités militaires issues de plus de 50 pays qui sont venues combattre aux côtés des républicains contre les forces nationalistes fascistes lors de la guerre civile espagnole. De 1936 à 1939, environ 60 000 volontaires, dont 1 000 Hongrois, ont joué un rôle dans cette guerre, que ce soit à titre de combattants ou de non-combattants. *Voir Guerre d'Espagne .*

Buda Partie ouest de Budapest. Située sur la rive droite du Danube, Buda, une région vallonnée et boisée, occupe environ le tiers de la capitale. *Voir aussi Pest.*

Code juif Ensemble de mesures anti-juives promulguées le 9 septembre 1941 en Slovaquie. Inspirées des Lois de Nuremberg, ces mesures s'inscrivaient dans la foulée du décret antisémite de 1939 excluant les Juifs du gouvernement et de l'armée, puis de la Loi d'aryanisation de 1940 portant sur l'expropriation. Le « Code juif » comportait 270 mesures additionnelles, dont l'obligation pour les Juifs de porter une étoile de David jaune. *Voir aussi Lois de Nuremberg.*

Dachau Premier camp de concentration établi sur le territoire de l'Allemagne nazie en mars 1933, dans la partie nord de Dachau, une ville située à une quinzaine de kilomètres au nord-ouest de Munich. D'abord destiné aux prisonniers politiques, parmi lesquels les opposants au régime nazi, les communistes, les sociaux-démocrates et les syndicalistes, le camp accueillera aussi les Témoins de Jéhovah et les Tsiganes. Le nombre de Juifs internés à Dachau a augmenté considérablement après la Nuit de Cristal (9–10 novembre 1938). Le camp a également servi de centre de formation pour les gardes SS. La zone du crématorium a été construite en 1942, à proximité du camp principal. Au printemps 1945, Dachau et ses camps annexes détenaient plus de 67 665 prisonniers, dont 43 350 classés comme prisonniers politiques et 22 100 comme Juifs. À l'approche des Alliés américains en avril 1945, les nazis ont entraîné 7 000 prisonniers, des Juifs pour la plupart, dans une marche de la mort jusqu'à Tegernsee, un autre camp du sud de l'Allemagne.

Empire austro-hongrois [aussi connu sous le nom de double monarchie d'Autriche-Hongrie] Ancien État d'Europe centrale (1867–1918) que dirigeaient les Habsbourg et qui a succédé à l'Empire autrichien (1804–1867). Ensemble multinational et multiconfessionnel, la double monarchie a été marquée par de nombreuses querelles politiques et ethniques opposant entre eux ses 11 groupes nationaux principaux. Malgré l'adoption d'une *Loi sur les nationalités* (1868), qui conférait des droits linguistiques et culturels à divers groupes ethniques, dans les faits, il existait beaucoup d'inégalités dans la manière dont les peuples étaient traités. Les Juifs se sont vu accorder des droits de citoyenneté et un statut égal à celui d'autres minorités, mais certains groupes, les Slovaques notamment, ont été exclus de la sphère politique, alors que les Tchèques, eux, obtenaient des postes au gouvernement. Dissous à la fin de la Première Guerre mondiale, l'Empire austro-hongrois a été divisé en trois pays indépendants : l'Autriche, la Hongrie et la Tchécoslovaquie.

Entreprises Manfréd Weiss Le plus grand complexe industriel d'armement en Hongrie durant la Deuxième Guerre mondiale. En 1944, ses propriétaires, les Weiss et les Chorin, deux familles apparentées, ont entrepris des négociations avec l'officier SS Kurt Becher dans le but de lui remettre la majorité des parts de leur société contre la possibilité pour les membres de leurs familles de quitter le pays. Malgré les obstacles juridiques qui empêchaient la SS de mettre la main sur une entreprise hongroise (notamment parce qu'elle appartenait en partie à des non-Juifs) et le fait que cette transaction allait à l'encontre de l'accord allemand concernant l'indépendance symbolique de la Hongrie, le marché a tout de même été conclu en mai 1944. La SS a pris le contrôle de l'entreprise et, en échange, elle a autorisé environ 50 membres des familles Weiss et Chorin à émigrer au Portugal et en Suisse, et leur a aussi remis environ 600 000 dollars. *Voir aussi SS.*

Fondation des archives de l'histoire audiovisuelle des survivants de la Shoah (Fondation Spielberg) Projet lancé par le réalisateur Steven Spielberg en 1994 à la suite de la sortie de son film *La Liste de Schindler (Schindler's List).* La Fondation Spielberg avait pour mission de constituer des archives audiovisuelles de témoignages de survivants de l'Holocauste et de promouvoir ces archives à des fins éducatives. En 2006, après avoir recueilli près de 50 000 témoignages de par le monde, la Fondation, alors appelée *Survivors of the Shoah Visual History Foundation* s'est associée avec la *University of Southern California* pour devenir la *USC Shoah Foundation Institute for Visual History and Education.*

Gestapo [allemand; abréviation de *Geheime Staatspolizei*] Police secrète d'État de l'Allemagne nazie. La Gestapo a combattu avec brutalité les ennemis supposés du régime nazi et opérait avec très peu de contraintes juridiques. Elle a été responsable des rafles des Juifs d'Europe et de leur déportation dans les camps de la mort. Elle avait également la charge de délivrer les visas de sortie à ceux qui résidaient dans les zones occupées par les Allemands. Un certain nombre de membres de la Gestapo se sont aussi joints aux *Einsatzgruppen,* les unités mobiles de tuerie instigatrices des rafles et de l'extermination des Juifs dans l'est de la Pologne et en URSS au moyen de fusillades massives.

Ghetto Quartier délimité réservé aux Juifs. Le terme a été utilisé pour la première fois à Venise (Italie) en 1516, lorsqu'une loi a obligé tous les Juifs à vivre séparés dans une île entourée de grilles, appelée *Ghetto Nuovo.* Tout au long du Moyen Âge en Europe, les Juifs ont souvent été forcés de vivre dans des quartiers séparés et clos. Pendant l'Holocauste, les nazis ont regroupé les Juifs de force dans certaines villes où ils les ont tenus enfermés dans un quartier coupé de tout, très délabré et insalubre.

Grandes Fêtes Fêtes d'automne – *Rosh Hashanah* (Nouvel An) et *Yom Kippour* (Jour du Pardon) – marquant le début de l'année juive. Pour la célébration de *Rosh Hashanah,* les fidèles se rendent à la synagogue afin d'assister à des services ponctués par la sonnerie du *shofar* (corne de bélier utilisée comme instrument à vent). Ils se réunissent aussi en famille autour de repas festifs au cours desquels on sert des mets doux et sucrés (pommes et miel) symbolisant la nouvelle année, que l'on souhaite douce pour tous. Célébré dix jours plus tard, *Yom Kippour* est marqué par le jeûne et la prière à la synagogue.

Guerre d'Espagne (1936–1939) Guerre ayant opposé les militaires – que soutenaient les éléments conservateurs, catholiques et fascistes (les nationalistes) – et le gouvernement républicain élu démocratiquement. Initiée par un coup d'État qui n'a pas pu obtenir de victoire décisive, la guerre civile d'Espagne a été particulièrement sanglante et s'est achevée lorsque les nationalistes, avec à leur tête le général Francisco Franco, sont entrés à Madrid. Durant cette guerre, les nationalistes ont bénéficié du soutien des fascistes italiens et des nazis, tandis que les républicains ont reçu l'aide de volontaires venus du monde entier. *Voir aussi Brigades internationales.*

Haftarah Passage des livres des Prophètes récité après la lecture de la Torah lors du Shabbat et des jours de fête ; traditionnellement, la *haftarah* est chantée par le jeune garçon ou la jeune fille qui célèbre sa *bar mitsvah* ou *bat mitsvah*. *Voir aussi Torah.*

Häftling [allemand ; pluriel : *Häftlinge*] Détenu, détenue.

Hakhsharah [hébreu ; littéralement : préparation] Programme de formation destiné à préparer les nouveaux immigrés à la vie en Israël.

Hashomer Hatzaïr [hébreu ; littéralement : la jeune garde] Mouvement de jeunesse sioniste de gauche fondé en Europe centrale au début du XXe siècle pour préparer les jeunes Juifs à devenir ouvriers et fermiers, et à s'établir dans des kibboutz (communautés collectives) sur le territoire du futur État d'Israël. Avant la Deuxième Guerre mondiale, le *Hashomer Hatzaïr* comptait 70 000 membres, répartis dans différents pays. Pendant la guerre, beaucoup de ceux qui vivaient dans les territoires occupés par les nazis ont mené des activités de résistance dans les ghettos et les camps de concentration ou ont rejoint des groupes de partisans dans les forêts d'Europe centrale et orientale. C'est le plus ancien mouvement de jeunesse sioniste encore en activité. *Voir aussi Bétar*; *Bené Akiva*; *Sionisme.*

Houkat [hébreu: décret] La 39e section du cycle annuel de lecture hebdomadaire de la Torah, lue à la synagogue en juin ou en juillet. *Voir aussi Torah.*

Ilava Ville située dans la partie occidentale de la Slovaquie, qui a été le site d'un camp d'internement et de travail durant la Deuxième Guerre mondiale.

Internationale Chant révolutionnaire bien connu. Adoptée par le mouvement socialiste à la fin du XIXe siècle, l'*Internationale* a servi d'hymne national à l'URSS jusqu'en 1944. Elle est encore chantée aujourd'hui dans différentes langues par des groupes de gauche issus de partout dans le monde.

Judaïsme hassidique [de l'hébreu *hassid*; littéralement: pieux] Mouvement spirituel juif orthodoxe créé au XVIIIe siècle en Pologne par le rabbin Israël ben Éliézer (surnommé le Baal Shem Tov). Il se caractérise par sa philosophie mystique et l'importance de la joie dans la prière. Le hassidisme considère que la piété et la joie priment sur l'étude purement intellectuelle des textes talmudiques. Le mouvement promeut aussi un nouveau genre de chef spirituel, ou *rebbe*, qui vit entouré de disciples et s'oppose en cela aux rabbins traditionnels dont le but est l'étude érudite de la loi juive. Bien que le judaïsme hassidique comprenne de nombreux courants, la plupart de ses adeptes portent des vêtements sombres, traditionnels, et se couvrent la tête en signe de modestie et de respect envers Dieu.

Judaïsme orthodoxe Ensemble de croyances et de pratiques de certains Juifs pour lesquels l'observation scrupuleuse de la loi juive est intimement liée à la foi. Ce mouvement au sein du judaïsme se caractérise par un strict respect des lois relatives au régime alimentaire, à l'interdiction de travailler le jour du Shabbat et pendant les fêtes juives, ainsi qu'au port d'une tenue vestimentaire spécifique et sobre.

Judenrat [allemand; pluriel: *Judenräte*; littéralement: Conseil juif] Groupe de leaders juifs désignés par les nazis pour administrer la population locale juive et pour exécuter les ordres des forces d'occupation. Les *Judenräte* avaient l'apparence d'entités autonomes, mais étaient complètement soumis au contrôle allemand. Ils étaient appelés à prendre des décisions morales difficiles et complexes, dans des conditions inhumaines, et leur évocation reste un sujet à forte charge polémique. Les présidents des *Judenräte* devaient décider s'il fallait se plier aux exigences allemandes ou résister. Certains responsables ont été exécutés par les nazis pour avoir refusé de céder à leurs demandes, et d'autres ont préféré se suicider. Les officiels juifs qui défendaient l'obéissance pensaient que la coopération permettrait au moins de sauver quelques vies juives. Ceux qui dénonçaient les efforts de rébellion étaient convaincus que la résistance armée entraînerait la mort de toute la communauté.

KEOKH [*Külföldieket Ellenőrző Országos Központi Hatóság*] Bureau central national de contrôle des étrangers. Service hongrois créé en 1930 et chargé de délivrer des permis aux réfugiés ou à tout autre ressortissant étranger. Le KEOKH existe encore aujourd'hui.

Kippa [en hébreu: *kippah*; en yiddish: *yarmulke*] Petit couvre-chef porté par les hommes juifs en signe de respect envers Dieu.

Kremnička Village de la Slovaquie centrale où, en novembre 1944, des membres de la résistance ayant participé au soulèvement national slovaque, ainsi que des civils (hommes, femmes et enfants) ont été assassinés et enterrés dans une fosse commune. En 1949, on y a érigé un monument commémoratif en hommage aux 747 victimes de cette tuerie; diverses origines ethniques y figuraient, mais aucune mention n'était faite des victimes juives.

En 1995, on a corrigé la situation en ajoutant une *menorah* marquée du mot hébreu *Zakhor* (Souviens-toi). *Voir aussi Soulèvement national slovaque.*

Lois de Nuremberg Lois adoptées en 1935 en Allemagne, sous le régime nazi, afin de déchoir les Juifs de leurs droits civiques en tant que citoyens allemands et de les séparer légalement, socialement et politiquement des Allemands. Selon la Loi pour la protection du sang et de l'honneur allemands, les Juifs étaient définis comme une race distincte plutôt que comme un groupe religieux. L'appartenance d'une personne à la race juive était déterminée par son ascendance (le nombre de ses grands-parents juifs). Ces lois interdisaient notamment le mariage ou les relations sexuelles entre Juifs et Allemands. *Voir aussi Code juif.*

Masaryk, Tomáš Garrigue (1850–1937) Fondateur et premier président de la Tchécoslovaquie. Reconnu pour ses fortes prises de position publiques contre l'antisémitisme. *Voir aussi Affaire de Polná.*

Minyan [hébreu ; littéralement : nombre] Quorum de 10 hommes juifs ayant atteint leur majorité religieuse, nécessaire à la récitation de certaines prières. Le terme peut également désigner une congrégation.

Mizrahi [acronyme de *Merkaz Ruhani* ; hébreu : centre spirituel] Mouvement sioniste nationaliste et orthodoxe fondé à Vilnius (Lituanie) en 1902. Pour ses membres, la Torah est au centre du sionisme et de la vie juive. Le *Mizrahi* a pour mot d'ordre : « La terre d'Israël pour le peuple d'Israël selon la Torah d'Israël. » *Voir aussi Bené Akiva ; Sionisme.*

Nyilas *Voir Parti des Croix fléchées.*

Palestine sous mandat britannique Territoire établi par la Société des Nations après la Première Guerre mondiale et soumis à l'autorité britannique. Englobant l'État d'Israël, la Jordanie, la Cisjordanie et la bande de Gaza actuels, le territoire sera administré par le Royaume-Uni de 1923 à 1948. Durant cette période, les Britanniques ont restreint l'immigration juive en Palestine.

Pâque [en anglais : *Passover* ; en hébreu : *Pessah*] Grande fête du calendrier juif, qui se déroule pendant huit jours au printemps. L'une des prescriptions principales de cette célébration est la lecture du récit de l'Exode qui raconte la fuite des Juifs hors d'Égypte où ils étaient retenus en esclavage. Le récit en est fait lors d'un repas rituel appelé *Séder.* Le mot anglais *Passover* fait allusion au fait que Dieu est « passé par-dessus » (« *passed over* ») les maisons juives en y épargnant les premiers-nés, alors que les fils aînés des Égyptiens ont trouvé la mort. Cet épisode est la dernière des dix plaies destinées à convaincre le pharaon Ramsès II de libérer les Juifs.

Parti des Croix fléchées [en hongrois : *Nyilaskeresztes Párt-Hungarista Mozgalom* ; abréviation : *Nyilas*] Formation politique hongroise nationaliste et antisémite fondée par Ferenc Szálasi en 1935 sous le nom de « Parti de la volonté nationale ». Soutenue par l'Allemagne nazie, l'organisation, rebaptisée Parti des Croix fléchées, a remporté 25 % des voix lors des élections hongroises de 1939. Interdit peu après le scrutin, le Parti des Croix fléchées a été légalisé de nouveau en mars 1944, au moment où l'Allemagne a envahi la Hongrie. Appuyé par les nazis, il a été proclamé parti unique par le « Gouvernement d'unité nationale » de Ferenc Szálasi, qui a dirigé la Hongrie du 15 octobre 1944 jusqu'au mois de mars 1945. Ce régime a été particulièrement brutal à l'égard de la communauté juive – pendant leur bref règne, les Croix fléchées ont assassiné plus de 10 000 Juifs et déporté plus de 70 000 autres vers les camps nazis. *Voir aussi Szálasi, Ferenc.*

Parti populaire slovaque de Hlinka [*Hlinkova slovenská l'udová strana* ; acronyme : HSL'S] Formation politique slovaque nationaliste, catholique, totalitaire et antisémite nommée en l'honneur de son fondateur et premier dirigeant, l'abbé Andrej Hlinka. En 1939, le Parti populaire slovaque de Hlinka a formé le premier gouvernement de la nouvelle République slovaque autonome, avec à sa tête le prêtre catholique Jozef Tiso, successeur de Hlinka (mort en 1938). La Garde de Hlinka (*Hlinkova garda*), l'aile paramilitaire fasciste du nouveau régime autonome slovaque, a été établie en octobre 1938.

Parti social-démocrate (Hongrie) [en hongrois : *Szociáldemokrata Párt* ; acronyme : SZDP ; aussi connu sous le nom de « *Történelmi* » *Szociáldemokrata Párt* : Parti social-démocrate « historique »] Parti socialiste fondé en Autriche-Hongrie en 1890, connu auparavant sous le nom d'Association générale ouvrière. À la suite de l'occupation de la Hongrie par les nazis en mars 1944, le SZDP a été interdit et plusieurs de ses dirigeants ont été exécutés ou emprisonnés. Certains de ses membres ont poursuivi leurs activités clandestinement jusqu'à la fin de la guerre, au moment où le parti est redevenu légal.

Partisans Membres des forces militaires irrégulières ou de mouvements de résistance formés pour combattre les armées d'occupation. Au cours de la Deuxième Guerre mondiale, différents pays ont vu se former des groupes de partisans qui s'opposaient tant aux nazis qu'à leurs collaborateurs. Le terme « partisan » pouvait désigner aussi bien des groupes paramilitaires hautement organisés, comme les partisans de l'Armée rouge, que des groupes formés au hasard et axés sur la survie plus que sur la résistance, ou encore des groupes de bandits à l'affût de tout ce qu'ils pouvaient piller.

Pest Partie est de Budapest. Située sur la rive gauche du Danube, en terrain plat, Pest occupe environ les deux tiers de la capitale ; la plupart des rues commerçantes de la ville s'y concentrent. *Voir aussi Buda.*

Procès de Nuremberg Procès pour crimes de guerre intentés dans la foulée de la capitulation de l'Allemagne le 7 mai 1945 et tenus dans la ville allemande de Nuremberg. Du 21 novembre 1945 au 1er octobre 1946, 24 hauts dirigeants nazis et leurs collaborateurs ont été jugés pour crimes de guerre. Douze autres procès (appelés « procès successeurs » ou « procès des professionnels ») y ont été menés par des tribunaux militaires du 9 décembre 1946 au 13 avril 1949.

Razzia Mot d'origine arabe utilisé dans plusieurs langues, dont l'allemand, le hongrois et le français, qui, durant le régime nazi, désignait la rafle (l'arrestation massive) de Juifs en vue de les envoyer aux travaux forcés, de les déporter ou de les assassiner.

Roosevelt, Franklin Delano (1882–1945) Président des États-Unis de 1933 à 1945. S'il est vrai que Roosevelt s'est opposé publiquement au traitement réservé aux Juifs par les nazis, son gouvernement n'a cependant rien fait pour accueillir les réfugiés juifs au début du conflit. En 1939, les États-Unis ont même refusé de laisser accoster le *Saint-Louis*, un paquebot qui avait à son bord près de 1 000 Juifs allemands espérant trouver refuge en territoire américain. Bien qu'au courant des atrocités nazies perpétrées contre les Juifs dès 1942, Roosevelt n'est intervenu pour sauver les Juifs européens qu'en janvier 1944, lorsqu'il a créé le *War Refugee Board*. En juin 1944, après la publication par la presse suisse des extraits d'un compte rendu détaillé des pratiques de mise à mort des Juifs dans les camps, Roosevelt s'est joint au mouvement international de protestation contre la déportation des Juifs de Hongrie.

Rusyn Langue slave orientale parlée notamment dans le sud-ouest de l'Ukraine, le nord-est de la Slovaquie, le sud-est de la Pologne et en Hongrie.

Scarlatine Maladie infectieuse contagieuse qui entraînait un taux de mortalité élevé jusqu'à ce que l'usage de la pénicilline se généralise dans les années 1940.

Shabbat [hébreu ; en yiddish : *Shabbes, Shabbos*] Jour de repos hebdomadaire qui, pour les Juifs, commence le vendredi au coucher du soleil et se termine le samedi à la tombée de la nuit. Il débute lorsque les bougies sont allumées le vendredi soir et que des bénédictions – le *kidoush* – sont récitées sur une coupe de vin et un pain tressé aux œufs appelé *hallah*. Au cours de cette journée de fête et de prières, on a coutume de manger les trois repas du Shabbat, d'assister aux services à la synagogue, de ne pas travailler et de ne pas voyager.

Shiva [hébreu ; littéralement : sept] Dans le judaïsme, période de deuil de sept jours observée après les funérailles d'un proche parent.

Shtibl [yiddish ; littéralement : petite maison ou petite salle] Petite salle ou maison de prière, sans ornements, meublée comme une synagogue mais beaucoup plus modestement. La plupart des Juifs pratiquants d'Europe de l'Est priaient quotidiennement dans un *shtibl* ; ils assistaient aux services à la synagogue les jours de congé ou parfois le jour du Shabbat. *Voir aussi Shabbat.*

Sionisme Mouvement et théorie politique fondés par le journaliste juif viennois Theodor Herzl, qui soutenait – dans son livre *Der Judenstaat* (L'État des Juifs, 1896) – que la meilleure façon de résoudre le problème de l'antisémitisme en Europe était de créer un État juif indépendant sur la terre ancestrale des Juifs, la Palestine biblique. Les sionistes prônaient aussi la renaissance de l'hébreu comme langue nationale juive.

Soulèvement national slovaque (29 août-28 octobre 1944) Résistance armée antifasciste organisée en Slovaquie centrale pour contrer le gouvernement slovaque pronazi. Mal planifiée, l'insurrection – à laquelle ont participé 80 000 partisans issus de plus de 30 pays – a été réprimée en deux mois par les forces allemandes ; des batailles se sont néanmoins poursuivies dans la région jusqu'à la fin de la guerre. Le soulèvement a fait environ 85 000 victimes et les troupes nazies ont détruit 93 villages slovaques en représailles contre leur prétendue coopération avec les partisans. *Voir aussi Kremnička.*

SS [abréviation de *Schutzstaffel* ; allemand : escouade de protection] Corps d'élite créé en 1925, chargé de la protection personnelle d'Adolf Hitler et des dirigeants du parti nazi. Sous la direction d'Heinrich Himmler, le nombre de ses membres est passé de 280 en 1929 à 50 000 lorsque les nazis sont arrivés au pouvoir en 1933, et il a atteint près de 250 000 à la veille de la Seconde Guerre mondiale. Le corps des SS se divisait en deux branches : l'*Allgemeine*-SS (la SS générale) et la *Waffen*-SS (la SS armée).

La SS générale s'occupait essentiellement d'organiser et de faire appliquer la politique raciale nazie en Allemagne et dans les pays occupés. Sa force principale était le *Reichssicherheitshauptamt* (RSHA, Office central de sécurité du Reich), une organisation qui englobait la Gestapo (*Geheime Staatspolizei*, la police secrète d'État). La SS gérait les camps de concentration et les camps de la mort, ainsi que les entreprises économiques qui leur étaient associées. Elle pouvait également recruter des soldats pour ses propres divisions militaires, les *Waffen*-SS, y compris des recrues provenant de pays occupés par l'Allemagne. *Voir aussi Gestapo.*

Szálasi, Ferenc (1897–1946) Fondateur et chef du Parti fasciste hongrois des Croix fléchées, qui a activement collaboré avec les nazis en Hongrie, notamment dans la persécution et la déportation des Juifs. Il a été reconnu coupable de crimes de guerre et exécuté en 1946. *Voir aussi Parti des Croix fléchées.*

Tallis [yiddish; en hébreu: *tallit*] Châle de prière. Il est porté traditionnellement pendant la prière du matin et le Jour du Pardon (*Yom Kippour*) par les hommes ayant atteint leur majorité religieuse. On le pose généralement sur les épaules, mais certains choisissent de s'en couvrir la tête afin de marquer leur respect envers Dieu.

Talmud [hébreu; littéralement: étude ou apprentissage] Texte rabbinique ancien qui contient les commentaires et débats portant sur l'histoire, les lois et l'éthique juives. Il comporte deux parties: la *Mishnah*, subdivisée en six sections, portant sur l'ensemble de la loi juive et contenant le résultat des discussions et débats rabbiniques, et la *Gemara* qui analyse ces décisions rabbiniques et en expose la démarche. *Voir aussi Torah.*

Tefillin [hébreu; en français: phylactères] Paire de petites boîtes en cuir noir renfermant des bandes de parchemin sur lesquelles sont inscrits des versets bibliques. Les *tefillin*, qui symbolisent l'alliance entre Dieu et les Juifs, sont traditionnellement portées par les hommes juifs, au bras et au front, pendant l'office du matin les jours de semaine.

Tito, Josip Broz (dit Tito) (1892–1980) Commandant des partisans yougoslaves de 1941 à 1945 et président de la République populaire fédérative de Yougoslavie de 1953 à 1980. Durant la Deuxième Guerre mondiale, Tito s'est engagé aux côtés des Alliés et a mené un mouvement de résistance antifasciste qui regroupait des formations de diverses origines ethniques, y compris des Juifs.

Torah [hébreu] Les cinq livres de Moïse (cinq premiers livres de la Bible), aussi appelés le Pentateuque. La Torah est l'ensemble de la Bible écrite et, d'après la tradition, aurait été révélée à Moïse sur le mont Sinaï. Dans la tradition chrétienne, elle est appelée « Ancien Testament ». *Voir aussi Talmud.*

Traité de Trianon L'un des cinq traités conclus lors de la Conférence de Paris (janvier 1919-août 1920) organisée par les vainqueurs de la Première Guerre mondiale. Le traité de Trianon (signé le 4 juin 1920) imposait des conditions de paix très sévères à la Hongrie, exigeant des réparations ainsi qu'un nouveau tracé de ses frontières qui faisait perdre au pays plus des deux tiers de son territoire et environ les deux tiers de sa population.

Treyf [yiddish ; de l'hébreu *teréfah*] Aliment interdit de consommation selon les lois de l'alimentation juives.

Tsigane Peuple nomade parlant le romani, une langue indo-européenne. Pendant l'Holocauste (ou *Porajmos* – un terme romani signifiant littéralement « dévorer »), les Tsiganes ont été déchus de leurs nationalités en vertu des Lois de Nuremberg et condamnés par la politique raciale de Hitler à être assassinés. Le nombre de Tsiganes qui ont péri durant la Deuxième Guerre mondiale est difficile à estimer en raison du manque de documentation ; selon les sources, ce nombre varie de 200 000 à 1 000 000. *Voir aussi Lois de Nuremberg.*

Photographies

1

2

1 La mère de Zuzana Sermer, Vilma (née Stern) Weinberger. Humenné, Tchécoslovaquie, 1932.

2 Le père de Zuzana, Samuel Weinberger. Humenné, 1925.

Zuzana Sermer, âgée de 3 ans. Humenné, 1927.

1

2

1 Zuzana, âgée de 10 ans, figurant sur sa photo de classe de 4e année. Elle est assise à côté de son enseignante, au deuxième rang, quatrième à partir de la gauche. Seuls 4 de ses 24 camarades de classe juifs ont aussi survécu. Humenné, 1934.

2 Zuzana, âgée de 14 ans, figurant sur sa photo de classe de 9e année. Elle est assise au deuxième rang, à l'extrême droite. Un seul de ses huit camarades de classe juifs a aussi survécu. Humenné, 1938–1939.

1

2

3

4

1 Zuzana, âgée de 12 ans (à l'arrière-plan, au centre), en compagnie de ses amies Irena (au premier plan) ; Anna (à gauche) et Irma (à droite). Humenné, 1936.

2 Zuzana, âgée de 14 ans (à droite), en compagnie de ses amies Vera (au centre) et Betty (à gauche). Humenné, 1938.

3 Zuzana, âgée de 16 ans (à droite), portant le brassard jaune imposé aux Juifs, en compagnie de son amie Annie Moskovicova. Humenné, 1940.

4 Zuzana (à droite) en compagnie de ses amies Regina (à gauche) et Berta (au centre), portant toutes l'étoile de David jaune désormais obligatoire. Humenné, 1940.

1

2

3

1 Zuzana (à l'arrière-plan, à gauche) lors d'un voyage de camping organisé par le *Hashomer Hatzaïr* en 1940.

2 Zuzana en compagnie de ses amis Ernie (à gauche) et Ladislav Grossman (à droite), auteur du scénario du film primé *Le Miroir aux alouettes*, 1965 (*The Shop on Main Street*). Humenné, 1940.

3 Zuzana et ses amis à Humenné en 1941. De gauche à droite : Jan, Bela, Viola, Zuzana et Jan, qu'elle a aidé à sortir de prison après la guerre.

1

2

1 Zuzana avec ses cousins à Humenné en 1939. À l'arrière-plan, de gauche à droite : Feri, Zuzana et Jozsi. Au premier plan, assis : Gyuri, un cousin du côté de son père, et Erwin.

2 Zuzana et Feri. Humenné, 1939.

1

2

3

1 Zuzana lors de son voyage de noces dans les Hautes Tatras après la guerre. 1945.

2 Zuzana et Arthur Sermer en 1950.

3 Zuzana et Arthur avec Victor (à gauche) et une amie. Bratislava, 1947.

1

2

1 Les frères Sermer après la guerre. De gauche à droite : Eman, Victor et Arthur. Bratislava, vers 1950.

2 Les frères Sermer avec leurs femmes à Toronto à la fin des années 1970. De gauche à droite : Zuzana et Arthur, Eman et Yolana, Victor et Maria.

1

2

1 Zuzana et Arthur Sermer en compagnie de leurs petits-enfants à l'occasion de la *bat mitsvah* de leur petite-fille Julie. Debout à l'arrière-plan, de gauche à droite : David, Mark, Tanya, Nicole et Julie. Au premier plan, de gauche à droite : Corey, Arthur, Jessica, Zuzana et Becky. Toronto, 1996.

2 Toute la famille Sermer à l'occasion de la *bat mitzvah* de Julie. Debout à l'arrière-plan, de gauche à droite : la petite-fille de Zuzana, Nicole ; son fils Mark ; sa fille Tamara ; son fils Paul ; la femme de Paul, Susan ; la femme de son fils Matthew, Lillian ; Matthew ; son fils Michael ; la femme de Michael, Margi ; sa petite-fille Tanya ; et sa petite-fille Julie. Au premier plan, de gauche à droite : le petit-fils de Zuzana, David ; Arthur Sermer ; ses petits-enfants Corey et Jessica ; Zuzana ; et sa petite-fille Becky. Toronto, 1996.

La petite-fille de Zuzana, Becky Sermer, lors de sa *bat mitsvah*. Elle tient dans ses mains un rouleau de la Torah provenant de la ville tchèque d'Uhlířské Janovice ; ce rouleau a été restauré après l'Holocauste par un groupe de philanthropes à Londres, en Angleterre. Connecticut, 23 juin 2001.

1

2

1 Zuzana et Arthur, à l'occasion du mariage de leur fils Michael. New York, 1983.

2 Zuzana et Arthur, avec leurs enfants lors du mariage de leur fille Tamara. Debout derrière Zuzana et Arthur, de gauche à droite : Michael, Tamara, Paul et Matthew. Toronto, 1996.

Zuzana et Arthur, à l'occasion du mariage de leur fils Matthew. Toronto, 1990.

Index

La mission de la Fondation Azrieli est d'apporter son soutien à de nombreuses initiatives dans le domaine de l'éducation et de la recherche. La Fondation Azrieli prend une part active à des programmes relevant du domaine des études en pédagogie, des études d'architecture, de la recherche scientifique et médicale et des études artistiques. Parmi les initiatives de la Fondation figurent le Programme des mémoires de survivants de l'Holocauste, qui rassemble, archive et publie les mémoires de survivants canadiens, l'*Azrieli Institute for Educational Empowerment*, un programme innovateur qui apporte un soutien aux adolescents à risques et les aide à rester en milieu scolaire ; l'*Azrieli Fellows Program*, un programme de bourses d'excellence pour les second et troisième cycles des universités israéliennes ; le *Azrieli Music Project* qui valorise et encourage la création de nouvelles compositions de musique orchestrale juive, ainsi que le *Azrieli Neurodevelopmental Research Program* qui appuie la recherche de haut niveau en matière de troubles du neurodéveloppement, en particulier le syndrome du X fragile et les troubles du spectre de l'autisme.